Stéphane Etrillard

Spitzengespräche im Verkauf

In acht Schritten sicher zum Verkaufserfolg

Stéphane Etrillard

Spitzengespräche im Verkauf

In acht Schritten sicher zum Verkaufserfolg

Junfermann Verlag • Paderborn
2004

Covergestaltung und Anzeige: ola, Lutzer & Abendroth GbR, Kommunikationsdesign, PR und Events, Bleichstraße 77a, 33607 Bielefeld
Titel-Foto: Getty Images

Satz: JUNFERMANN Druck & Service, Paderborn

Bibliografische Information der Deutschen Bibliothek
Die Deutsche Bibliothek verzeichnet diese Publikation in der Deutschen Nationalbibliografie; detaillierte bibliografische Daten sind im Internet über http://dnb.ddb.de abrufbar.

ISBN 3-87387-563-2

Inhalt

Widmung

Dieses Buch widme ich all denjenigen, die mir geholfen haben, derjenige zu werden, der ich heute bin. All das, was ich heute weiß, sind Erkenntnisse, die sich wie ein Puzzle im Laufe der letzten Jahre zusammengefügt haben. Ich hatte die Chance, von dem Know-how hervorragender Lehrer zu profitieren.

Besonders dankbar bin ich folgenden Wegbegleitern, genannt in der Reihenfolge, in der ich sie kennen lernen durfte:

Helmut Berghaus, der meine Augen für die Welt des Verkaufs und des Marketings geöffnet hat. Er lehrte mich, dass Marketing eine Denkhaltung ist und kein Universitätsfach.

Rolf H. Ruhleder, mein erster Management- und Verkaufstrainer, ohne dessen prägende Impulse ich wohl nie die Trainerlaufbahn eingeschlagen hätte. Durch ihn lernte ich, dass Erfolg im Verkauf eine Summe von kleinen Details ist.

Jochen-Peter Breuer und Pierre de Bartha, die mir halfen, die Business-Unterschiede zwischen Deutschland und Frankreich besser zu verstehen.

Christoph und Matthias Dahms, mit denen ich meine ersten Seminare gab und die mich geduldig begleiteten.

Nikolaus B. Enkelmann, dessen fesselnde Vorträge und Bücher mir Mut zu einer Zeit gaben, in der ich ihn brauchte.

Anthony Robbins, von dem ich so viel über Motivation lernte.

John La Valle, von dem ich lernte, dass die besten Verkaufs- und Marketing-Strategien einfach sind.

Chris Mulzer, der mir half, meine mentalen Begrenzungen zu sprengen.

Prof. Dr. Werner Correll, von dem ich so viel über Menschenpsychologie gelernt habe.

Minoru Tominaga, dessen kritische Überlegungen für mich so anregend waren.

Alexander Christiani, durch den ich verstanden habe, dass klassischer Verkauf ausgedient hat und dessen innovative Erkenntnisse für mich so inspirierend sind.

Mein besonderer Dank gilt ebenfalls all den Seminarteilnehmern in acht europäischen Ländern, die mir in den letzten Jahren die Chance gaben, besser zu werden.

Vorwort

„Menschen kann man nicht besitzen.
Man muss sie immer wieder neu gewinnen.“

„Man muss nicht unbedingt das Licht des anderen ausblasen,
um das eigene leuchten zu lassen.“
(*Griechisches Sprichwort*)

Verkaufspsychologie, Verkaufsrhetorik, Verkaufssystematik – die Begriffsvielfalt ist ebenso verwirrend wie viele Aspekte, die im Verkauf offensichtlich eine Rolle spielen – oder auch nicht! Ist es nun die Persönlichkeit des Verkäufers, die über einen Abschluss entscheidet? Die rhetorische Finesse? Oder ganz einfach die Tatsache, dass der Verkäufer zum richtigen Zeitpunkt am richtigen Ort ist. Keiner dieser Faktoren ist es alleine. Entscheidend für den Verkäufer ist, dass er neben einer hohen fachlichen Qualifikation vor allen Dingen menschliche Qualitäten vorzuweisen hat. Dann spielen viele wesentliche Bausteine eine Rolle, um als Verkäufer erfolgreich zu sein, u.a.

- ➜ die dezidierte Positionierung des Verkäufers und der Aufbau seines Expertenstatus;
- ➜ die Kunst des emotionalen Kontaktaufbaus;
- ➜ ein sicheres und überzeugendes Auftreten;
- ➜ die Macht der Erfolgsrhetorik;
- ➜ die Zuhörfähigkeit, die den Unterschied ausmacht;
- ➜ eine gewinnende Gesprächsführung durch gezielte Fragen;
- ➜ eine stimmige Körpersprache;
- ➜ die richtige Ansprache der Kaufmotivation Ihrer Kunden;
- ➜ die Kunst des Justierens bei Einwänden oder Bedenken;
- ➜ die Fähigkeit, Abschlusssignale zu erkennen;
- ➜ der Mut zum Abschluss;
- ➜ die Fähigkeit, mehr Umsatz durch Zusatzverkauf zu generieren;
- ➜ die Fähigkeit, mehr Kunden durch Empfehlungsmarketing zu gewinnen;
- ➜ eine partnerschaftliche Bindung der Kunden;
- ➜ die kreative Gabe, die Bestandskunden durch exzellenten Service zu überzeugen.

Anmerkung: Um Ihnen die Lektüre dieses Buchs zu erleichtern, haben wir größtenteils geschlechtsneutral formuliert. Natürlich sprechen wir in diesem Buch auch Sie, liebe Leserinnen, genauso an. Vielen Dank für Ihr Verständnis!

Dies sind nur einige Aspekte, die ich Ihnen in diesem Buch aufzeigen möchte. Ich möchte Sie gleichzeitig motivieren, durch den Einsatz einer einfachen Verkaufssystematik noch mehr Erfolg im Verkauf zu erzielen. Die dem Buch zugrunde liegende achtstufige Methodik ist leicht anzuwenden und hat sich bereits in den unterschiedlichsten Branchen bewährt. Eignen Sie sich die Strategien der Profiverkäufer und Marktführer an. So steigern Sie deutlich Ihre Erfolgschancen und erreichen langfristig Wettbewerbsüberlegenheit im Verkauf.

Warum ich dieses Buch geschrieben habe? Sicher, es gibt bereits viele Bücher über Verkaufsstrategien. Und auch an schlauen Ratgebern zu Rhetorik und Dialektik mangelt es nicht. Beides zu verbinden war und ist meine Intention. Ich befasse mich seit fast 15 Jahren mit dieser Thematik und war selbst über fünf Jahre im Vertrieb und Marketing eines französischen Großkonzerns tätig. Mir ist also sehr wohl bewusst, was im Vertrieb passiert und was gefordert ist. Durch meine Beratungs- und Trainingstätigkeit habe ich anschließend viele Jahre sozusagen „die andere Seite" erlebt und kennen gelernt. Mit welchen Herausforderungen haben Verkäufer täglich zu kämpfen? Wie fühlen sie sich, wenn sie an sich als Verkäufer, an ihr Produkt oder an ihre Kunden denken? Durch die Konzeption und Durchführung anspruchsvoller Vertriebsworkshops in den unterschiedlichsten Branchen und offene Seminare im Bereich Rhetorik und Dialektik lag es nahe, beides zu verbinden.

Das Ergebnis halten Sie in Händen: Ein Buch über Spitzengespräche im Verkauf. Denn der fachlich hoch qualifizierte Verkäufer kann sein Produkt nicht so erfolgreich an den Mann oder die Frau bringen, wenn er nicht in der Lage ist, dieses auch rhetorisch geschickt zu verkaufen. Und ein Verkäufer, der rhetorisch vom Feinsten geschult ist, kommt ohne eine gewisse Verkaufssystematik vielleicht nie zum Abschluss. Dieses Buch bietet für beide wertvolles Know-how und für jeden, der im Vertrieb tätig ist, sicher spannende Momente.

Vielleicht wird Ihnen bei der Lektüre das eine oder andere vertraut vorkommen. Und das ist richtig so. Denn das Wissen alleine macht noch keinen Meister, man muss dieses Wissen schließlich auch anwenden und trainieren, bis es in den Verkaufsalltag integriert ist. Vielleicht werden Sie sich auch manchmal wundern oder sogar angegriffen fühlen – in dem, was und wie Sie etwas bislang gemacht haben. Bevor Sie das Buch wütend in die Ecke werfen, halten Sie einfach einen Moment inne und überlegen, ob Sie nicht doch – und sei es ein noch so kleines Stückchen – umsetzen können. Vielleicht nur einmal, um etwas Neues auszuprobieren. Und wenn Sie nicht damit zurecht kommen, ist das auch o.k. Das ist jedenfalls besser, als immer im gleichen Trott voranzugehen. Springen Sie einmal über den eigenen Schatten und lassen Sie sich auf etwas Neues ein – Sie werden sehen, dass Sie dadurch nicht nur erfolgreicher werden, sondern das Ganze auch noch Spaß macht. Ich hoffe, genauso viel Spaß, wie mir das Schreiben gemacht hat.

Da ich auch von anderen im Sinne der kooperativen Selbstqualifikation im Gespräch viel lerne und viel lernen will, würde ich mich freuen, wenn Sie mir, liebe(r) Leser(in), nach der Lektüre dieses Buches Ihre Anregungen oder Ideen mitteilen. Schreiben Sie mir auch, wenn Sie Fragen haben. Ich werde sie selbstverständlich für Sie beantworten. Gerne stehe ich Ihnen auch mit Rat und Tat zur Seite. Ich bin nur einen Telefonhörer oder eine eMail weit entfernt.

Ihr *Stéphane Etrillard*

Management Institute S E C S
Stéphane Etrillard Communication & Sales
Schloss Elbroich – Am Falder 4
D-40589 Düsseldorf

Tel: +49-0211 – 757 07 40
Fax: +49-0211 – 75 00 53

eMail: info@etrillard.com
Web: www.etrillard.com

Einleitung

Verkauf heute funktioniert nur noch mit System. Der Kunde der Zukunft ist anspruchsvoll – das heißt für den Verkäufer vor allem, flexibel zu reagieren. Verkauf versteht sich heute als Überzeugungsprozess und sieht als Ziel neben dem Abschluss die langfristige Kundenbindung. – Das nachstehende Modell der Verkaufsphasen soll motivierend sein und den Verkäufer der Zukunft zu einer positiven Grundeinstellung bringen. Mit Selbstdisziplin und Menschlichkeit wird der Weg über die acht Checkpoints zusammen mit dem Kunden jedoch ein Vergnügen.

Zum Erfolg gibt es keinen Lift, man muss die Treppe benutzen. Geht man als Verkäufer zusammen mit dem Kunden die acht Stufen der Verkaufsleiter, sind Spitzengespräche im Verkauf eine Selbstverständlichkeit und der Erfolg garantiert.

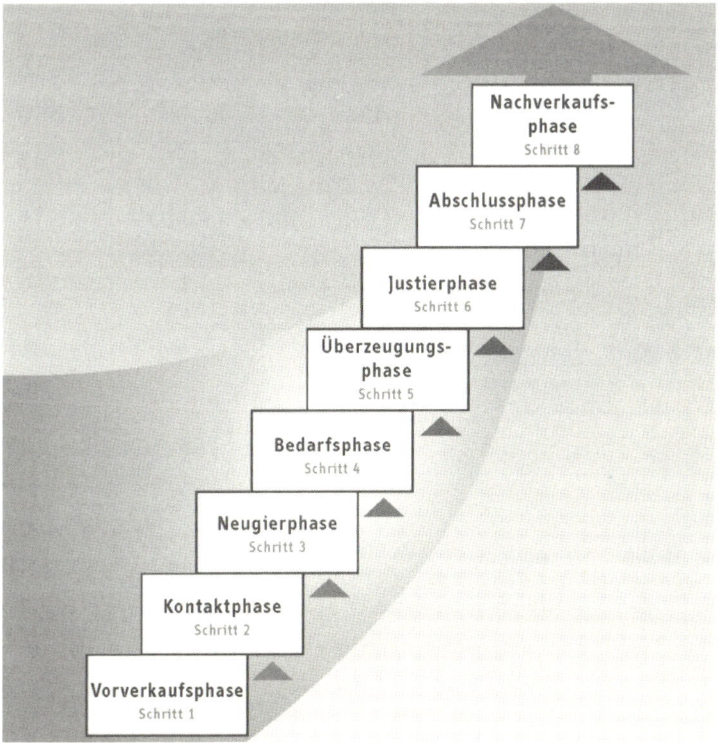

So erreichen Sie Sales Excellence

Checkpoint 1: Die Vorverkaufsphase

Die Vorverkaufsphase beinhaltet alle Aktivitäten, die nötig sind, um den Kunden zu einem potenziellen Kunden zu machen. Durch gezielte Marketingmaßnahmen lässt sich der Bekanntheitsgrad steigern und dadurch auch die Chance, dass (potenzielle) Kunden überhaupt erst einmal von Ihrem Unternehmen, Ihren Produkten und/oder Dienstleistungen wissen. Und das ist schließlich notwendig, damit es überhaupt zu einem Zusammenspiel kommt.

Checkpoint 2: Die Kontaktphase

Ziel der Kontaktphase ist es, den Kunden an die Neugierphase heranzuführen. Es muss zunächst eine Verbindung von Mensch zu Mensch und dann von Mensch zu Produkt hergestellt werden. Sich vorstellen, mit Stil die eigene Person präsentieren, auf den anderen Menschen offen zu- und eingehen – das sind die besten Voraussetzungen, um die Kontaktphase erfolgreich zu gestalten.

Checkpoint 3: Die Neugierphase

Die Kunst des Verkaufens besteht in dieser Phase darin, möglichst schnell zu erkennen, mit welchem Typ Mensch Sie es zu tun haben. Dann können Sie Ihr Gegenüber auch entsprechend ansprechen. Wir Menschen finden Menschen sympathisch, die so sind wie wir! Der Kunde muss Ihnen vertrauen und dieses Vertrauen auf das Produkt projizieren und Interesse daran haben.

Checkpoint 4: Die Bedarfsermittlungsphase

In der Bedarfsermittlungsphase wollen Sie herausfinden, was Ihr Kunde braucht. Hilfreich bei der Bedarfsermittlung sind verschiedene Fragetechniken.

Checkpoint 5: Die Überzeugungsphase

In dieser Phase ist es wichtig, den Kunden aktiv einzubeziehen. Er muss das Gefühl haben, er gestaltet jetzt ganz alleine, was er möchte und von Ihnen auch bekommt. Er wird sich selbst immer näher an das Produkt führen und es letztlich wirklich haben wollen.

Checkpoint 6: Die Justierphase

Erst wenn wirklich alle Einwände beseitigt sind, wird Ihr Kunde in Bezug auf Sie und das Produkt ein wirklich gutes Gefühl haben. Nehmen Sie sich also die Zeit für die Justierphase, in der Sie alle Ängste und Bedenken offen besprechen. Wenn es länger dauert, lassen Sie nur den Kontakt nicht abbrechen. Sobald der Kunde sicher ist, wird er Sie das wissen lassen und Ihnen in der weiteren Zusammenarbeit danken, indem er Ihnen Vertrauen schenkt.

Checkpoint 7: Der Abschluss

Sind alle Details geklärt, stellen Sie die Abschlussfrage, die Ihre Zusammenarbeit „offiziell" zwischen Ihnen beiden bestätigt. Verabschieden Sie sich von Ihrem Kunden und halten fest, wer von wem bis wann in welcher Form wieder hört! Nennen Sie von sich aus einen Termin, bis wann Sie ein Angebot bzw. einen Vertrag vorlegen werden. Natürlich halten Sie diesen Termin unbedingt ein!

Checkpoint 8: Die Nachverkaufsphase

Halten Sie sich, auch wenn das Geschäft einmal nicht zustande kommt, in Erinnerung, indem Sie dem Gesprächspartner in jedem Fall eine kleine Aufmerksamkeit, die er gut gebrauchen kann, zusenden. Irgendwann wird es etwas Neues geben, das Sie dann einem „alten Bekannten" vorstellen können! Und somit ist nach dem Verkauf immer wieder auch vor dem Verkauf – viel Erfolg!

1 Kundenorientiertes Verkaufen heute

Die Luft an der „Verkaufsfront" ist eisig geworden – und für viele Unternehmen und deren Verkäufer dramatisch dünn. Produkte und Dienstleistungen sind vielfach substituierbar, Marktgrenzen sind fließend, zum nationalen Verdrängungswettbewerb gesellen sich ausländische Anbieter, Werbung wird aggressiver, Produktzyklen kurzlebiger. Es gibt weniger Monopol-Produkte, dafür mehren sich die Me-too-Produkte, so genannte Nachahmer.

Das merkt auch der Kunde: Aus den Medien, von Bekannten oder aus eigener Erfahrung weiß er, dass sich die meisten Güter nur mehr im Aussehen unterscheiden, wenn überhaupt. Die Folge für den Verkäufer vor Ort: Es wird immer schwieriger, dem Kunden die Vorteile von Produkt A im Vergleich zu Produkt B plausibel zu vermitteln. Die Konsequenz dieser Entwicklung: Der Kunde wird von der Vielfalt der Angebote überflutet und verlangt zusätzliche Leistungen. Eine außergewöhnliche Servicekompetenz trägt entscheidend zur Wettbewerbsfähigkeit jedes Unternehmens bei.

Service zählt – der immaterielle Anteil eines Produktes gewinnt an Bedeutung. Das, was der Verkäufer verkauft, tritt zurück zugunsten des Mehrwertes, des Zusatznutzens und zugunsten des Aspekts „Wie verkauft der Verkäufer?". Der Kunde von heute beurteilt also nicht nur das Produkt, das er kaufen soll/will, sondern auch den Menschen, der es anbietet. Je ähnlicher das Produkt des vermeintlichen Konkurrenten ist, desto mehr entscheidet die Verkäufer-Persönlichkeit und dessen Kompetenz über den Verkaufsabschluss.

Was aber heißt eigentlich Verkaufen? Vielleicht den Kunden von den Vorteilen des eigenen Produkts oder der Leistung und dem Nutzen aus der Anwendung zu überzeugen und in ihm den Besitzwunsch zu wecken. Oder Menschen in der Weise vom Wert einer Idee und der damit verbundenen Waren oder Dienstleistungen zu überzeugen, dass sie eine Kaufentscheidung treffen, die sonst wahrscheinlich anders ausgefallen wäre. Beiden Erklärungen ist das Wort „überzeugen" gemeinsam: Überzeugend reden zu können, ist damit zentraler Bestandteil des Anforderungsprofils eines Verkäufers. Lew Young, amerikanischer Journalist und Chefredakteur der „Business Week" bestätigt: „Der wichtigste heute vernachlässigte Managementgrundsatz ist die Nähe zum

Kunden, seine Bedürfnisse zu erfüllen und seinen Wünschen zuvorzukommen: Darum geht es! Für allzu viele Unternehmen ist der Kunde zum lästigen Störenfried geworden. Sein unberechenbares Verhalten wirft wohl durchdachte strategische Pläne über den Haufen, seine Handlungen bringen die EDV durcheinander, und obendrein besteht er auch noch hartnäckig darauf, gekaufte Produkte müssten funktionieren!“

1.1 Der „fokussierte" Kunde

Unternehmen können nur dann Erfolge verzeichnen, wenn sie ihre Ware auch an den Mann oder die Frau bringen. Und das wird immer schwieriger. Kunden kennen sich aus! Und der Wettbewerb schläft nicht! Unternehmen verschwinden vom Markt, wenn sie es nicht schaffen, die technisch oft hervorragend entwickelten Produkte auch zu verkaufen. Alle Anstrengungen, die ganze innerbetriebliche Organisation und der Auftritt nach außen sind vergebliche Liebesmüh, wenn dem Aufwand kein Absatz und damit Ertrag gegenübersteht. Hier spielt der Verkäufer eine zentrale Rolle und ist auch in Zukunft durch nichts zu ersetzen. Ohne die persönliche Leistung eines Verkäufers ist der Verkauf in den meisten Bereichen nicht denkbar, eine Automatisierung ausgeschlossen. Umso mehr Chancen bieten sich für Verkäufer, die auf ihre Kunden zu- und eingehen und sie als Partner im Verkaufsprozess sehen.

„Die Kunden verdienen das Allerbeste. Um eine indianische Redensart zu paraphrasieren, wäre es nützlich, wenn im Geschäftsleben jeder eine Meile in den Mokassins des Kunden gehen könnte. So fragte einmal jemand einen Mann, der an der Tankstelle Benzin pumpte, warum es an seiner Tankstelle immer so voll sei, während die auf der anderen Straßenseite, die vergleichbares Benzin zum selben Preis bot, fast immer leer war. Dieser weise Geschäftsmann antwortete: »Die sind in einer anderen Branche als wir. Die haben eine Tankstelle – wir sind ein Service-Betrieb.« Ironischerweise muss man sich am anderen Ende des Spektrums fragen, warum Patienten, die ihre Ärzte aufsuchen, sich auf ihren Krücken vom Ende des Parkplatzes durch Schneewehen kämpfen müssen, weil alle Parktaschen am Haus »Für Ärzte reserviert« sind statt für zahlende Kunden", so erzählt von Norman R. Augustine, amerikanischer Topmanager, 1985-87 Vorsitzender der NASA, seit 1987 Chairman Martin Marietta Aerospace Corp..

„Weil ich es mir wert bin ..." – diese bekannte Aussage aus der Werbung bringt uns unserem Kunden schon sehr viel näher. Kunden kaufen und bezahlen manchmal eine unglaubliche Summe für ein Produkt oder eine Dienstleistung, wenn sie den Nutzen haben wollen. Da wird keine sündhaft teure Creme gekauft, sondern die Aussicht darauf, nicht so schnell dem Alterungsprozess anheim zu fallen. Da wird kein Solarium für den Keller gekauft, nur damit noch ein Gerät mehr Stauraum verbraucht, sondern weil man(n) oder Frau das ganze Jahr über gebräunt jünger aussehen will. Und da wird nicht für ein Jahresabo im Fitnessclub viel Geld ausgegeben, sondern für die eigene Fitness, den knackigen Po, die strammen Beine oder die muskulösen Oberarme. Und weil man mit diesen Tributen anziehender auf das andere oder das eigene Geschlecht wirkt.

Überlegen Sie doch einfach einmal selbst, warum Sie als Kunde ein Produkt erstehen, eine Ware kaufen oder eine Dienstleistung in Anspruch nehmen. Sie werden auf Bereiche stoßen:

- → **Pride** – Stolz – Anerkennung, Bewunderung, Achtung, Liebe
- → **Pleasure** – Spaß – Freude, Abwechslung, Genuss, Vergnügen, Unterhaltung
- → **Profit** – Profit – Gewinn, Neuigkeiten, Vorteile, Einsparung
- → **Peace** – Friede – Beruhigung, Freiheit, Reichtum, Sicherheit, „meine Ruhe".

Natürlich wissen Sie als Verkäufer nicht immer gleich, welches Bedürfnis Ihr Kunde momentan hat. Sie können es durch Fragen herausfinden oder Sie gehen einfach davon aus, dass die meisten Menschen zwei Dinge immer wieder anstreben: Anerkennung und Ruhe. Mehr zu den Bedürfnissen Ihrer Kunden lesen Sie in Kapitel 7. Jetzt beschäftigen wir uns etwas intensiver mit dem Zusatzgeschäft, das möglich ist, wenn exzellente Verkäufer nur achtsam mit dem Kunden und dessen Wünschen umgehen.

1.2 Darf's ein bisschen mehr sein?

Wer kennt diesen Spruch nicht vom Fleischermeister um die Ecke, wenn die Verkäuferin in der Metzgerei mit dieser kleinen, scheinbar harmlosen Frage „Darf's ein bisschen mehr sein?" nicht 100 Gramm, sondern 110 Gramm Wurst verkauft. Rechnen Sie einmal hoch, wie viel Kilo mehr Wurst oder Fleisch sie im Jahr dadurch verkauft und wie viel mehr Geld dadurch in der Kasse hängen bleibt. Vorsatz, wenn auch für den Unternehmer ein durchaus lukrativer, will ich der Wurst-Fachverkäuferin gar nicht unterstellen. Oft ist es einfach nur die Herausforderung, Wurst genau so aufzuschneiden, dass eben eine bestimmte Anzahl Scheiben genau dem gewünschten Gewicht entspricht. Unter Zusatzgeschäft ist im Sinne der Service-Revolution allerdings etwas anderes gemeint.

Die Entwicklung Deutschlands von einer Industrienation zu einer Dienstleistungsgesellschaft hat erst vor ein paar Jahren begonnen und ist noch lange nicht abgeschlossen. Parallel zu dieser Entwicklung hat sich jedoch auch die Transparenz des Marktes immer mehr gesteigert. Globale Märkte fordern ihren Tribut: Gab es früher für ein spezielles Produkt vielleicht nur einen oder zwei Anbieter, gibt heute ein vergleichbares Warenangebot dem Kunden die Möglichkeit und zugleich die Qual der Wahl. Für Unternehmen ist es in diesem vergleichbaren Wettbewerb nur noch möglich, sich über zusätzliche und außergewöhnliche Serviceangebote zu positionieren und zu profilieren. Wie z.B. im Automobilverkauf: Kein Auto geht heute ohne Zusatznutzen und Zusatzgeschäft „über den Ladentisch". Da gibt es komplette Zusatzpakete bei der Ausstattung und zusätzliche Serviceleistungen rund ums Auto. Zum Teil bezahlt, wie Winterpakete, und zum Teil als tatsächlichen geldwerten Nutzen, wie z.B. in Form einer Kundenkarte, einer Kundenzeitschrift oder der kostenlosen Einlagerung des jeweils nicht benötigten Reifensatzes.

Es wird für jede Unternehmensgröße und gleichgültig der Branchenzugehörigkeit immer wichtiger, dem Kunden außergewöhnlichen Service zu bieten und auf seine Wünsche einzugehen. Schlechter Service wirkt sich nicht nur auf die Kundenzufriedenheit aus, sondern auch auf die Stimmung der Mitarbeiter und nicht zuletzt auf die Kosten und den Umsatz. Die Frage stellt sich dann, warum immer noch so viele Unternehmer und Manager in der Serviceorientierung eher einen Kostenfaktor als einen Wettbewerbsvorteil sehen.

Service und/oder Dienstleistung

Außergewöhnlicher Service beinhaltet den Grundgedanken, dass der Kunde immer wieder überrascht wird, mit einem kleinen Extra, mit einer „Dienstleistung", die er nicht erwartet und die nichts kostet. Eben dieses „Nichts-kosten“ macht dann auch den Unterschied zwischen einer Dienst- und einer Serviceleistung aus. Auch, wenn in der Literatur die Begriffe Dienstleistung und Service in der Regel synonym verwendet werden. Dienstleistung und Service sollten jedoch, auch um den Kunden den Unterschied deutlich zu machen, gegeneinander abgegrenzt werden. Wie z.B. bei IKEA, die in ihrer Angebotsgestaltung nach entgeltlichen und nicht entgeltlichen Leistungen unterscheiden. So sind das Kinderland oder die Beratung/Planung Service, also kostenlos, der Lieferservice für Möbel hingegen eine entgeltliche Leistung. Ein wesentliches Unterscheidungsmerkmal, das wir auch in diesem Buch verwenden, ist die Entgeltlichkeit von Dienstleistungen. Service wird hingegen kostenlos geleistet.

Allen im Unternehmen Tätigen sollte es eine Selbstverständlichkeit sein, dem Kunden etwas Gutes zu tun. Da ist die freundliche und namentliche Begrüßung durch die Telefonzentrale, die Flasche Sonnenmilch vor der Urlaubsreise oder das kleine Geschenk für die Kinder. Es gibt ungefähr eine Million Möglichkeiten, Ihren Kunden mit diesen kleinen Extras das Leben zu verschönern und sich selbst als außergewöhnlichen Serviceleister ins rechte Licht zu rücken. Begeistern Sie Ihren Kunden durch diese kleinen Extras, die meist wenig Geld kosten und sich langfristig bestens bezahlt machen. Und nehmen Sie vor allem alle Mitarbeiter mit ins Boot. Setzen Sie sich zusammen und machen Sie ein Brainstorming, mit welchen Ideen Sie Ihren Kunden in den nächsten Wochen und Monaten eine kleine Freude machen wollen, z.B.:

- „Empfangskomitee“, das sich um den Gast kümmert;
- stellen Sie in Ihrem Empfang ein Schild mit dem Namen des Besuchers auf;
- Kaffee-Ecke mit Fachzeitschriften im Empfangsbereich;
- gepflegte Spielecke für Kinder;
- halten Sie Notizblock und Stift für den Kunden bereit;
- bearbeiten Sie alle eingehenden Kundenanfragen, ob per Post oder eMail, innerhalb von 24 Stunden;
- bieten Sie Transportmöglichkeiten;
- organisieren Sie eine Kundenveranstaltung (möglichst mit Familie);
- zeichnen Sie einen Service-Mitarbeiter des Monats aus und teilen Sie dies auch Ihren Kunden mit.

Notfalls ist es auch erlaubt, einmal anonym den Kundenservice in Ihrem Haus zu prüfen. Lassen Sie einmal einen Bekannten anrufen. Wie wird er behandelt, auch wenn er einmal vermeintlich „dumme“ Fragen stellt? Nehmen Sie sich Ihres Kunden an – mit Herz, Hirn und Hand – notfalls auch, wenn seine Sorgen gar nichts mit Ihrem Produkt und Ihrem Unternehmen zu tun haben. Er muss das Gefühl haben, dass Sie mit Ihren Gedanken bei ihm sind und alles in Ihrer Macht Stehende tun, um ihn nicht nur zufrieden zu stellen, sondern auch zu begeistern. Und eines sollten Sie immer bedenken: Ein Lächeln und ein freundliches Wort kosten nichts und bringen doch, gerade im Umgang mit Kunden, so viel.

1.3 Service wird groß geschrieben

Was der Kunde wirklich will, sind drei Dinge: erstens Service, zweitens Service und drittens Service. Oder wie Jeff Bezos, amerikanischer Unternehmer und Gründer der Internet-Buchhandlung „Amazon" sagt: „Der einzige Weg, uns zu behaupten, ist über bessere Dienstleistungen und besseren Service. Die Kunden sind Götter." Dieser bessere Service wird in den USA bereits gelebt, und viele Reisende aus Amerika fallen sozusagen in ein Serviceloch, sobald Sie mit dem Flieger gelandet sind und mit dem Dienstleistungsland Deutschland konfrontiert werden. Da werden Waren aus dem Shop an der Kasse nicht automatisch in eine Einkaufstüte gesteckt und die Koffer dürfen Sie selbst in den Kofferraum des Taxis „hieven". Da kann man schon etwas neidisch werden auf das bedingungslose Service-Bewusstsein der Amerikaner. Kunden können Produkte bei Nichtgefallen z.B. immer (!) umtauschen und nicht nur innerhalb von 14 Tagen. Und viele Waren haben sogar eine lebenslange Garantie, wie wir sie z.B. durch Tupperware kennen. Kundenhotlines sind zu jeder Tages- und Nachtzeit zu erreichen, und in den großen Shopping-Malls kann man auch am Sonntagnachmittag einkaufen.

Definition:

Der Begriff „Service" kommt aus dem Englischen („Dienst") und wird häufig im weiteren Sinne gleichbedeutend mit dem Ausdruck „Dienstleistung" verwendet. Jedoch versteht man unter Service Zusatzleistungen, „die den Kunden angeboten werden, um den Absatz der Hauptleistungen zu fördern".

Im Zusammenhang mit Kundendienst bedeutet Service die Summe aller Anstrengungen, dem Kunden den Einkauf bequem zu machen (Lieferung frei Haus, Zahlungserleichterung u.a.) und ihn nach dem Kauf (durch Ersatzteillager, Reparaturdienst) zu betreuen.

Service kann aber auch gleichbedeutend sein mit
1. dem mehrteiligen Tafelgeschirr mit einheitlichem Design;
2. Bedienung, Trinkgeld (in Österreich und der Schweiz);
3. dem Aufschlag bei Rückschlagspielen, wie z.B. Tennis.

In Deutschland sieht da alles schon etwas anders aus: Unternehmen ringen ebenso um Umsatz wie um Aufträge und daraus resultierende Gewinne. Dies muss natürlich so sein, damit Unternehmen auch langfristig erfolgreich am Markt agieren. Allerdings wird viel zu wenig um den Kunden gerungen. Und „Gewinne messen, wie gut wir den Kunden dienen", wie der amerikanische Topmanager Ken Melrose, Vorstandsvorsitzender der Toro Company (Landmaschinen) betonte, findet in Deutschland kaum statt. Nun liegt es hauptsächlich an den Verkäufern, sensibler für die Wünsche und Visionen ihrer Kunden zu werden. Sie haben die Aufgabe, mit ihren Produkten oder

Dienstleistungen dazu zu dienen, das (Geschäfts-)Leben ihrer Kunden erfolgreicher, leichter, schöner, bequemer, besser, sicherer oder einfacher zu machen. Dann stellen sich auch Aufträge ein, werden Umsätze und Gewinne regeneriert. Vier wesentlichen Bedingungen müssen Unternehmen gerecht werden, um Erfolg zu haben. Gleiches gilt natürlich auch für den einzelnen Mitarbeiter und speziell für den Verkäufer „draußen“ beim Kunden:

a) Die Gewinnorientierung ist das erste legitime Ziel von Unternehmen und garantiert den Mitarbeitern eine sichere Zukunft.
b) Die Produktorientierung garantiert den Kunden qualitativ hochwertige Produkte und Dienstleistungen, indem die Hersteller oder Anbieter sehr auf die Eigenschaften achten.
c) Durch die Organisations-Ablauf-Orientierung wird das reibungslose Zusammenspiel von Unternehmen und Kunden erst ermöglicht.
d) Durch die Kundenorientierung stehen die Bedürfnisse, Wünsche, Träume, Hoffnungen, Ziele und Gefühle der Kunden im Mittelpunkt aller Überlegungen.

Aus der Kundenorientierung entsteht dann ganz wie von selbst wieder die Gewinnorientierung bzw. diese ist ein Ergebnis der Kundenorientierung. Und somit schließt sich der Kreis. Alle persönlichen Anstrengungen und unternehmensinternen Leistungen dienen letztlich dem Kunden.

Kundenzufriedenheit ist zu wenig!

Früher ging man davon aus, dass Kunden nur zufrieden sein müssten und dann schon wieder kaufen würden. Weit gefehlt! Wenn Sie in ein Fachgeschäft gehen, dann erwarten Sie natürlich, zufrieden gestellt zu werden. Das allerdings ist noch nichts Besonderes, denn das erwarten Sie vom Wettbewerber, zwei Straßen weiter, ja auch. Kundenzufriedenheit ist zu wenig, heute ist Kundenbegeisterung gefragt. Wer es schafft, sich in diesem Bereich einen Wettbewerbsvorteil zu verschaffen, hat einen enormen Vorsprung. Das Fraunhofer Institut hat einmal die Gründe untersucht, warum Kunden in einem Geschäft nicht mehr kaufen:

- ➔ 1 % stirbt
- ➔ 3 % ziehen um
- ➔ 4 % lieben Abwechslung
- ➔ 5 % wechseln auf Empfehlung von Freunden
- ➔ 9 % finden andere Produkte/Leistungen preiswerter
- ➔ 10 % sind notorische Querulanten
- ➔ 68 % fühlten sich nicht gut behandelt.

An dieser Untersuchung sind zwei Zahlen besonders interessant:

9 % finden andere Produkte/Leistungen preiswerter: Der Preis ist viel, viel weniger bedeutend, als wir gerne vorschieben, und rückt immer dann besonders ins Blickfeld, wenn man sich nicht gut genug behandelt fühlt, wie z.B. im Restaurant oder im Fachgeschäft. Wenn wir die Bedürfnisse unserer Kunden beachten und dafür sorgen, dass sie sich wohl fühlen, spielt der Preis sehr oft eine viel geringere Rolle, als die meisten Verkäufer meinen. Kunden kaufen ja nicht, um uns eine Freude zu machen oder um die Wirtschaft anzukurbeln. Kunden kaufen nur, weil sie sich von einer Dienstleistung oder einem Produkt einen bestimmten Nutzen versprechen.

68 % fühlten sich nicht gut behandelt: Das sind überraschend viel mehr als alle anderen genannten Gründe zusammen. Das heißt ja nicht, dass diese Menschen tatsächlich schlecht behandelt wurden. Sie haben das aber so empfunden! Und für jeden Menschen ist seine Empfindung, sein Gefühl, eine Realität. Ob zu Recht oder zu Unrecht, spielt da keine Rolle. Gefühle sind viel bedeutender, als allgemein anerkannt wird. Menschen sind „vernunftbegabte Wesen". Doch Vernunft und Logik sind nicht das, was uns steuert: Was uns alle steuert ist unser Selbstwertgefühl. Das Selbstwertgefühl ist die entscheidende Messlatte für unsere positive oder negative Wirkung auf unsere Partner – auf unsere externen oder internen Kunden – 68% der Kunden fühlten sich nicht gut behandelt: Wenn das der Standard ist, dann haben Sie es ganz leicht, positiv aufzufallen. Sie haben es ganz leicht, eine emotionale Kundenbindung zu schaffen. Durch Kleinigkeiten, die von Herzen kommen und zu Herzen gehen.

With a little smile on your face ...

Sabine Hübner, Autorin des Buches „Surpriservice", hat die Servicestrategien einmal mit einem Tennismatch verglichen und verlangt: „Lächeln Sie dem Ball entgegen! Freuen Sie sich auf lange, anspruchsvolle Ballwechsel, bei denen Sie Ihr Können unter Beweis stellen und Ihren Kunden zeigen, wie sehr Ihnen dieses Spiel Freude macht." Die Freundlichkeitenkette ist aber nur eine Methode im Surpriservice der Zukunft, wie folgende Grafik zeigt:

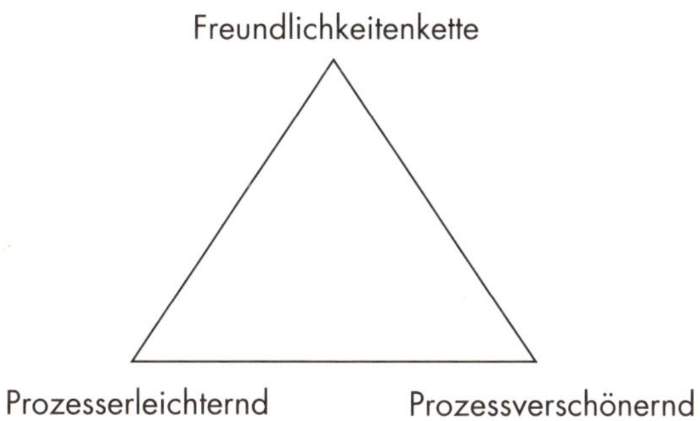

Die Freundlichkeitenkette könnte z.B. so aussehen: Ein Mitarbeiter der Stadtwerke hilft einer Autofahrerin bei einer Autopanne. Die Autofahrerin ist von der Hilfsbereitschaft so überwältigt, dass sie ein paar Tage später einen Leserbrief an die Tageszeitung schreibt, in dem sie ihrem „Retter" von den Stadtwerken nochmals dankt. Auf diese Weise erfahren auch andere Bürger, wie hilfsbereit die Mitarbeiter der Stadtwerke sind, und haben sowohl von den Mitarbeitern als auch von den Stadtwerken selbst einen positiven Eindruck. Schon Mark Twain sagte einmal: „Freundlichkeit ist eine Sprache, die Taube hören und Blinde lesen können." Und Daphne du Maurier ergänzt: „Ein freundliches Wort kostet nichts und ist doch das schönste Geschenk." Auch und gerade für jeden Kunden.

Neben der Freundlichkeitenkette gibt es weitere Servicestrategien, die Sie je nach Bedarf einsetzen können. Prozesserleichternd ist z.B. diese Strategie: Ein Friseur in Frankfurt bietet seinen Kunden eine besondere Serviceleistung an. Während die Kundin/der Kunde sich haartechnisch verändern lässt, gehen die Auszubildenden des Salons für die Kundschaft einkaufen. Der Kunde kann so entspannt den Friseurbesuch genießen, ohne an die lästigen Einkäufe denken zu müssen, und erfährt dadurch, dass diese nach seinem Haarschnitt ebenfalls erledigt sind – eine Erleichterung.

Als prozessverschönernd empfindet der „Kunde" z.B. diese Servicestrategie: Welches Ambiente und welche Gerüche verbinden Sie mit einem Krankenhaus? Nicht gerade einladend, oder? Eine Klinik in Deutschland bietet als Prozessverschönerung den Patienten ein ganz besonderes Flair. Die Patienten fühlen sich wie in einem Hotel, da die Räumlichkeiten hell und freundlich sind und auch der typische „Krankenhausgeruch" nicht existiert. Wenn die Patienten die Augen schließen, fühlen sie sich wie, genau, eben nicht wie in einem Krankenhaus, sondern wie in einem guten Hotel.

1.4 Die Reklamation als Chance

Wissen Sie, was schlimmer ist als ein Fehler, der zu einer Reklamation führt? Ein weiterer Fehler, wenn diese Reklamation nicht entsprechend behandelt wird. In vielen Fachbüchern ist zu lesen, dass der Einspruch überhaupt erst die Daseinsberechtigung des Verkäufers ist. Gleiches gilt für die Reklamation. Diese ist Daseinsberechtigung für jeden im Unternehmen, der in diesem Moment auf den Kunden trifft oder umgekehrt. Manchmal kann da sogar von einem „Auftreffen" die Rede sein, wenn ein Kunde wutentbrannt seine Erlebnisse schildert. Warum etwas nicht so funktioniert, wie es funktionieren sollte, welcher Fehler vorliegt oder mit welcher Schwachstelle er sich nun schon seit geraumer Zeit beschäftigt.

Wenn Kunden nicht reklamieren, bedeutet es noch lange nicht, dass diese auch zufriedene Kunden sind. Manchmal sind sie einfach so genervt, dass sie nicht einmal mehr von ihrem Recht auf Reklamation Gebrauch machen. Und weg sind sie ... Ergreifen Sie also die Chance, die sich Ihnen bei einer Reklamation bietet. Zögern Sie bei der Bearbeitung einer Reklamation, steigert sich die Verstimmung des Kunden garantiert und überträgt sich vom Produkt auf das gesamte Unternehmen. Verstehen Sie es allerdings, dem Kunden das Gefühl zu geben, dass sich das ganze Unternehmen um die Lösung seines Problems kümmert, gehen Sie stärker aus diesem Kundenkontakt hervor. Denn nur bei einer Reklamation können Sie dem Kunden wirklich beweisen, in welcher Service-Kategorie Sie spielen. Natürlich muss auf das erste Gefühl des Kunden, in guten Händen zu sein, auch die Tat folgen. Lösen Sie das Problem des Kunden, bessern Sie umgehend nach, bieten Sie Ersatz und auch eine Entschädigung für den Aufwand. Sicher hat er Zeit investiert, vielleicht sind ihm durch eine zweite Anfahrt auch richtige Kosten entstanden. Halten Sie ihn über den Verbesserungsprozess auf dem Laufenden. Bis das Kundenservice-Problem nicht gelöst ist, gibt es keine wichtigere Aufgabe.

Mit Reklamationen richtig umgehen

Unternehmen, deren Kundenservice hoch angesehen ist, sind nicht Unternehmen, die keine Fehler machen und demzufolge nie mit Reklamationen zu tun haben. Es sind Unternehmen, die Fehler machen, die täglich mit Kundenreklamationen zu tun haben, die aber gelernt haben, damit umzugehen, wie eine Stewardess erzählt: „Unsere Flüge haben oft Verspätung, und bei einer Turbulenz kann es vorkommen, dass ich einem Gast Kaffee über die Hose schütte. Beides lässt sich nicht vermeiden. Was uns als Team allerdings auszeichnet, ist die Art, wie wir mit diesen Vorfällen umgehen. Wir sprechen mit den Menschen über die Verspätungen, lassen sie nicht im Ungewissen und schaffen so eine Basis von Mensch zu Mensch. Und wir ergreifen sofort Maßnahmen, um jede noch so kleinste Panne zu beseitigen. Dieses sofortige Handeln wird von unseren Kunden honoriert, und wir erhalten unsere guten Service-Beurteilungen aufgrund der Übung, die wir in der »Reklamationsbearbeitung« haben".

Überlegen Sie zunächst, welche Art der Reklamation vorliegt. Ist es eine
- ➔ begründete Sachreklamation,
- ➔ begründete Reklamation auf eine Person bezogen,
- ➔ unbegründete Sachreklamation,
- ➔ unbegründete Reklamation auf eine Person bezogen?

Die meisten Verkäufer können mit Sachreklamationen ja noch gut umgehen. Geht es allerdings um Reklamationen, die ihn selbst oder eine andere Person betreffen, schaut es meist nicht mehr so rosig aus. Bei offenkundiger Kritik an der eigenen Person neigen viele dazu, empfindlich zu reagieren und völlig unüberlegt Gegenanschuldigungen zu ergreifen. Beides ist dem Gespräch mit dem Kunden verständlicherweise nicht besonders dienlich. Geht es um Sachreklamationen, werden diese oft bagatellisiert und auf die leichte Schulter genommen. Ganz besonders schätzen es Kunden auch, wenn sie zu hören bekommen: „Das ist ja noch nie vorgekommen!" oder „Das Problem hatten wir mit anderen Kunden auch noch nicht!" Wie würden Sie sich bei einer solchen Aussage fühlen? Zu dumm, das Produkt zu verstehen? Nicht fähig? Lassen Sie Ihren Kunden nicht mit einem solchen negativen Gefühl „im Regen stehen", Sie verursachen sonst einen Flurschaden, der fast nicht mehr gutzumachen ist. Besser ist es, Sie gehen bei Reklamationen folgenden Weg:

1. Freundlich bleiben

Was auch immer passiert, bleiben Sie freundlich in der Stimme und mit dem, was Sie sagen. Der Kunde ist oft darüber verärgert, dass etwas nicht so klappt, wie er sich das vorstellt, und entsprechend aggressiv kann auch sein Tonfall sein. Bleiben Sie in jedem Fall ruhig.

2. Zuhören

Hören Sie aufmerksam zu und lassen Sie Ihren Kunden erst einmal Dampf ablassen. Was 'raus muss, muss 'raus. Wenn Sie zu früh eingreifen, hat der Kunde vielleicht das Gefühl, dass Sie gar nicht hören wollen, was er sagt. Oder es staut sich etwas in ihm auf, was später noch nachkommt.

3. Bedauern äußern

Sie geben dem Kunden ein gutes Gefühl, wenn Sie, unabhängig von der Sachlage, Ihr Bedauern äußern. Wählen Sie eine unverbindliche Form, wie z.B.: „Ich kann Ihren Ärger nachvollziehen." Oder: „Es tut mir Leid, dass Sie Unannehmlichkeiten hatten!" Damit geben Sie noch nichts zu. Vermeiden Sie Entschuldigungen, denn das schließt immer unterschwellig ein, dass ein Fehler passiert ist.

4. Danke sagen

Ihr Kunde erwartet so ziemlich alles, nur nicht, dass Sie ihm danken. Sie können ihn damit so verblüffen, dass sich seine Stimmungslage umgehend verbessert. Sagen Sie einfach Danke dafür, dass er Ihnen seine Erfahrung so vertrauensvoll schildert oder dass er Ihnen diese sofort zur Kenntnis bringt. Schließlich ist es für Sie wichtig, über derartige Probleme mit Produkten oder Leistungen Ihres Unternehmens informiert zu sein.

5. Fragen

Wenn Ihr Kunde den ersten Dampf „abgelassen" hat, stellen Sie gezielte Fragen. Er muss merken, dass Ihnen die Aufklärung der Situation am Herzen liegt.

6. Fall klarstellen

Gehen Sie niemals auf Übertreibungen des Kunden ein, sondern stellen Sie die Sachlage nochmals neutral dar. Lassen Sie Ihrem Kunden auch sein Gesicht wahren, wenn der Fehler offensichtlich bei ihm selbst lag. Nichts kann Ihrer Beziehung mehr schaden, als wenn Sie triumphieren. Besser ist es, in einem solchen Fall zu sagen: „Gut, dass wir den Fall gemeinsam klären konnten."

7. Angebot

Vermeiden Sie voreilige Versprechen oder Zusagen. Geben Sie Ihrem Kunden nur das Gefühl und die Sicherheit, dass sich dieser unleidlichen Sache jemand persönlich annimmt. Versichern Sie ihm, dass er schnellstmöglich wieder Bescheid von Ihnen bekommt. Er wird sicher nachvollziehen können, dass Sie die Sachlage intern klären müssen. Natürlich müssen Sie die Zusage dann auch einhalten und innerhalb der vereinbarten Frist ein Statement abgeben.

Um bei Reklamationen einen Erfolgsgrad festzustellen, listen Sie doch einfach mal die Beschwerdegründe der letzten sechs Monate auf. Alle wichtigen und (wenn auch Ihrer Meinung nach) unwichtigen Kundenservice-Probleme zeigen Ihnen wiederkehrende Muster auf und zugleich Möglichkeiten, wie Sie diese in Zukunft schon eher vermeiden. Natürlich wird sich um wirklich große Produktprobleme Ihre Entwicklungsabteilung kümmern. Und für Probleme vor Ort schulen Sie Ihre Service-Techniker. Wie aber sieht es mit den vermeintlich kleineren Dingen aus, über die sich Kunden beschwert haben? Diese gehen leicht unter, weil Sie ja eigentlich nur in den Augen der Kunden bedeutend sind. Gehen Sie davon aus, dass es unwichtige Kunden-Probleme nicht gibt. Jede Reklamation, und sei es eine noch so kleine, kann ausschlaggebend dafür sein, ob ein Kunde dauerhaft bei Ihnen Kunde bleibt oder sich nach einem anderen Anbieter, der ihn ernst nimmt, umsieht.

1.5 Das Internet macht Verkäufer überflüssig?

Es ist nun schon ein paar Jahre her, als die Medien durch die Einführung des Internets die Daseinsberechtigung des Verkäufers in Frage gestellt haben. Doch die vergangenen Jahre haben wohl eines bewiesen: Das Internet hat, kann und wird auch nicht den persönlichen Kontakt vor Ort, das persönliche Gespräch mit dem Kunden und damit den Verkäufer ersetzen. Natürlich bietet das Internet Möglichkeiten, die es vorher nicht gab und die der Kunde gerne nutzt. Er beschafft sich Informationen über das Internet, er nutzt es eventuell auch zum Preisvergleich, und viele Produkte werden auch bereits schon über das Internet gekauft und bezahlt. Und doch wird es immer erklärungsbedürftige Produkte und speziell Waren im Hochpreis-Segment geben, die nur im Verkäufer-Kunden-Kontakt ver- und gekauft werden. So gesehen unterstützt das Internet den Verkaufsprozess, wo es nötig und sinnvoll ist, und lässt zu, dass der Verkäufer sich wirklich mit dem Wichtigsten, nämlich der persönlichen Kommunikation und dem Beziehungsaufbau, beschäftigt. Zwei Bereiche, die ein Computer nicht leisten kann. Und das ist auch gut so.

Nutzen Sie das Internet einfach in den Bereichen, in denen es Ihnen hilft. Eine informative und aussagekräftige Homepage, die Kunden anspricht, und ihnen leicht zu den benötigten Informationen verhilft, gehört in den heutigen Zeiten einfach dazu. Ebenso die Möglichkeit, auf diesem Wege rund um die Uhr Kontakt zum Anbieter aufzunehmen. Selbstverständlich sollten Hersteller oder Händler von Produkten ihren Kunden auch die Möglichkeit einräumen, diese über ihre Homepage zu bestellen, ansonsten verlieren sie einen Teil der Kunden. Alle anderen sollten aber in den Genuss eines professionellen Verkaufsgespräches kommen. Machen Sie den direkten Kundenkontakt als Verkäufer doch einfach zu einem Erlebniskauf, und er wird dieses Erlebnis nicht mehr missen wollen.

Jetzt liegt es ganz an Ihnen als Verkäufer, nicht zu resignieren („Im Zeitalter des Internets bin ich als Verkäufer doch sowieso überflüssig!“), sondern Ihre ganz persönliche Stärke zu nutzen: „Gerade in Zeiten des Internets kann ich meinen Kunden beweisen, dass ein Gespräch mit mir für ihn nicht nur fachlich von entscheidendem Wert ist, sondern ich ihm von Mensch zu Mensch auch Angebote unterbreiten kann, die seine individuellen Bedürfnisse befriedigen und die er so »im Netz« nicht bekommt.“

Das Internet macht Ihre Kunden „süchtig“ nach einem Produkt oder einer Dienstleistung, das bzw. die sie dann dank Ihrer persönlichen Unterstützung individuell zusammengestellt und verbunden mit einem besonderen Erlebnis beziehen können. Deshalb ist in den kommenden Kapiteln auch das Gespräch im Verkaufsprozess ein entscheidendes Moment. Nutzen Sie den persönlichen Draht zum Kunden, bauen Sie Vertrauen auf, zeigen Sie Verständnis. Dies alles ist mit und ohne Internet nur von Mensch zu Mensch möglich.

Zusammenfassung
Kapitel 1: Kundenorientiertes Verkaufen heute

1. Die Verkäufer-Persönlichkeit entscheidet über den Erfolg!
2. Kunden kaufen, um den Stolz zu befriedigen, Spaß zu haben, Profit zu machen oder den persönlichen Frieden zu finden.
3. Kundenservice bedeutet, den Kunden zu überraschen und zu begeistern!
4. Serviceorientierung ist Wettbewerbsorientierung!
5. Ein Lächeln sagt manchmal mehr als tausend Verkaufsworte!
6. Kunden, die nicht reklamieren, sind noch lange keine zufriedenen Kunden!
7. Gewinnorientierung ist nur ein Ergebnis der Kundenorientierung!
8. Der persönliche Draht zum Kunden ist entscheidend!
9. Verkaufen heißt, Vertrauen aufbauen und Verständnis zeigen!
10. Erst Verkäufer machen den Kauf für den Kunden zum Erlebnis!

Die drei wichtigsten Punkte für mich:

1.

2.

3.

Mein Umsetzungsplan:

Folgende Ideen werde ich umsetzen:

Noch heute:

Morgen:

In der nächsten Woche:

2 Wer bin ich? Das Selbstverständnis eines Verkäufers!

2.1 Kompetenzentwicklung in Zeiten des Wandels

Lieben Sie das, was Sie tun? Glänzen Ihre Augen, wenn Sie davon erzählen, welch grandiose Gespräche Sie mit Kunden haben. Sehen Sie Ihre Kunden als Freunde, als Partner? Oder sind es nur Umsatzzahlen? Verkaufen ist ein lebendiger Prozess, eine Lebensform, die nur existieren kann, wenn sie auch etwas zum Überleben bekommt. Kleine Kinder entwickeln sich physiologisch und psychologisch nur dann gesund, wenn Sie neben Nahrung auch Zuwendung bekommen. Genauso ist es auch im Verkauf. Auch diese Lebensform kann nur dann wachsen und gedeihen, wenn Liebe zur eigenen Aufgabe und Zuwendung zum Gegenüber vorhanden sind.

Verkäufer haben es in Deutschland nicht leicht. Bilder von Staubsauger-Vertretern tauchen auf, die mit einem Fuß in der Tür versuchen, ihre Ware an den Mann oder die Frau zu bringen. Und welches Image viele Verkäufer im Einzelhandel haben, darüber brauche ich Ihnen bestimmt nichts zu erzählen. Da hat keiner Zeit, keiner kümmert sich um den Kunden ... das ist ein Kapitel für sich! Bei diesen Vorurteilen, ob in manchen Fällen berechtigt oder nicht, ist es schwer für Verkäufer, ein positives Selbstverständnis zu entwickeln. Dabei muss sich der einzelne Verkäufer nur einmal bewusst werden, dass er an einer ganz entscheidenden Stelle sitzt, steht oder geht und zum Lauf der Wirtschaft Enormes beiträgt. Wo wären wir denn, wenn Waren nicht mehr an den Mann bzw. die Frau gebracht würden? Wenn keiner mehr dafür sorgen würde, dass Umsatz gemacht wird. Der Vertrieb ist ein entscheidender, wenn nicht der entscheidende Erfolgsfaktor. Also können Menschen auch darauf stolz sein, als entscheidendes Rädchen am Erfolg des Unternehmens beteiligt zu sein.

Kommen wir zurück zur eingangs erwähnten Liebe. Die Liebe zum Beruf und zur Berufung des Verkäufers, des Beraters aus Leidenschaft. Nur durch die rosarote Brille zu blicken und voller Liebe auf gute Umsatzzahlen zu hoffen, funktioniert nicht. Natürlich gehört auch Fleiß dazu! Oder, wie der berühmte Hollywood-Mime Danny Kaye einmal sagte: „Es gibt zwei Möglichkeiten, Karriere zu machen: Entweder leistet man wirklich etwas, oder man behauptet, etwas zu leisten. Eher rate ich zur ersten Methode, denn hier ist die Konkurrenz bei weitem nicht so groß."

Nicht wenige Verkäufer leiden irgendwann einmal unter dem Burnout-Syndrom. Sie sind ausgepowert, weil sie keine Zeitplanung beherrschen, jedes Gespräch zehrt an den Nerven, weil sie in der Kommunikation keine Strategien kennen, und selbst ein Terminvereinbarungsgespräch fällt schwer, weil die schlechte Stimmung auch am Telefon beim Kunden „ankommt". Umso wichtiger ist es, einmal über die eigene Situation nachzudenken und sich ein paar wesentliche Fragen nicht nur zu stellen, sondern diese auch gleich zu beantworten:

Habe ich den Beruf des Verkäufers freiwillig gewählt?

____

Wann ja, warum?

____

____

Wenn nein, wer hat mich dazu gezwungen?

____

____

Was war mein schönster Moment mit einem Kunden? Und warum?

____

____

____

Was liebe ich an meinem Beruf? Und warum?

Welche Situationen bereiten mir immer wieder Schwierigkeiten? Warum könnte das so sein?

Wenn ich wollte, wie ich könnte, was würde ich tun?

Was hält Sie davon ab, der zu werden, der Sie sein könnten. Ob im Verkauf oder auch nicht. Wie Sie soeben festgestellt haben, sind Fragen nicht nur ein sinnvolles Instrument, wenn Sie z.B. Informationen von Ihrem Kunden benötigen. Wie steht es denn mit Informationen über Sie, Ihr Leben? Fragen sind ein Teil der Selbsterforschung. Und zum Handeln braucht man Antworten. Suchen Sie nach den Ursachen, den Hintergründen, dann können Sie Ihre Persönlichkeit als Verkäufer weiterentwickeln und Ihr Selbstmanagement deutlich verbessern.

2.2 Selbstmanagement nach außen und nach innen

Ist das positive Selbstbild vorhanden, macht es umso mehr Spaß, die Arbeit, die Sie gerne machen, auch gut zu organisieren. Kein Unterrichtsfach in der Schule beschäftigt sich jedoch mit dem Thema Selbstmanagement. Kein Lehrer gibt Tipps, wie man durch erfolgreiches Selbstmanagement seinen Zielen näher kommt und dadurch Erfolg hat. Glauben Sie nicht auch, dass Sie durch eine strukturierte und organisierte Vorgehensweise, sei es bei Kundenbesuchen oder deren Planung im Vorfeld, wesentlich mehr Erfolg haben? Der ausschlaggebende Punkt ist, was man im Leben erreicht und wie man dort hinkommt.

Büroorganisation ist alles

Die kostbarste Ressource von Verkäufern ist Zeit. Viel davon wird täglich sinnlos vergeudet, durch eine unstrukturierte Büroorganisation. Viele Verkäufer sind ständig auf der Suche und bei der Zuordnung von Daten, Fakten, Zusammenhängen und Ideen. Glauben Sie nicht auch, dass mehr Übersicht Ihnen mehr berufliche Arbeitsfreude und private Lebensqualität bringt? Verzweifeln Sie nicht angesichts der Flut von Papier, das täglich auf Ihrem Schreibtisch landet: Stapel von Geschäfts- und Privatpost, Informations- und Werbebriefe oder Fachzeitschriften. Ein ebenfalls strapazierter eMail-Eingangskorb und überquellende Ordner tun ein Übriges dazu, dass Sie sich nicht mehr auf die wirklich wichtigen Dinge, nämlich Ihre Kunden, konzentrieren können. Überprüfen Sie doch bitte einmal, ob Sie „rund um den Schreibtisch alles im Griff" haben:

	Ja	Nein
Suchen Sie oft nach dringend benötigten Unterlagen und können diese nicht auf Anhieb finden?	❍	❍
Leiden Sie unter Ihrer „Zettelwirtschaft", auf denen Ideen, Notizen und Termine vermerkt sind?	❍	❍
Können Sie wertvolle Ideen oft nicht verwerten, weil Sie diese wieder vergessen haben?	❍	❍
Hält der tägliche Papierkrieg Sie oft von der Lösung wichtiger Aufgaben und vom kreativen Arbeiten ab?	❍	❍
Führen unerledigte Arbeitsvorgänge bei Ihnen manchmal zu geistigen Blockaden?	❍	❍
Können Sie sich oft nicht auf das wirklich Wesentliche konzentrieren?	❍	❍

Haben Sie Schwierigkeiten, alle aktuellen Projekte gleichzeitig „unter Druck" zu halten?	❍	❍
Haben Sie manchmal das Gefühl, mit dem rasanten Arbeitstempo nicht ganz Schritt halten zu können?	❍	❍
Haben Sie oft das Gefühl, das Tagesgeschäft raubt Ihnen Lebensfreude und Energie?	❍	❍
Sinken Sie abends oft erschöpft ins Bett, ohne exakt sagen zu können, was Sie konkret geleistet haben?	❍	❍

Haben Sie mehr als die Hälfte der Fragen mit Ja beantwortet, dann helfen Ihnen sicher nachfolgende Tipps für das schlanke Vertriebsbüro:

1. Räumen Sie Ihre Schreibtischoberfläche leer. Mehr als Stift, Zeitplanbuch und der aktuelle Arbeitsvorgang sollten hier nicht liegen.
2. Trennen Sie sich von den Stapeln Fachzeitschriften, die Sie „irgendwann" einmal lesen wollen, und konzentrieren Sie sich auf die wichtigsten Titel.
3. Reduzieren Sie Ihre Eingangspost – stoppen Sie Kataloge, die Sie nicht mehr brauchen, oder auch Massendrucksachen, u.a. durch ein kurzes Schreiben an den entsprechenden Verlag.
4. Aktualisieren Sie Ihre Hängemappenregistratur, trennen Sie sich auch hier von „Karteileichen", schaffen Sie eine übersichtliche und klare Strukturierung, die sich vor allem auch schnell aktualisieren lässt.
5. Schaffen Sie eine ökonomische Arbeitsweise und trennen Sie sich von Unwichtigem: Mach es gleich und vor allem richtig erhält Priorität A, Delegation Priorität B und Wiedervorlage oder das Stichwort im Zeitplanbuch Priorität C. Alle Aufgaben mit Priorität A werden sofort oder im Laufe des Tages, fest terminiert und unverschiebbar, abgearbeitet. Von diesen Aufgaben hängt entscheidend Ihr Erfolgsquotient ab. Alle Aufgaben mit Priorität B können andere für Sie erledigen, so bekommen Sie Freiraum für Ihre wirklich wichtigen Aufgaben (Priorität A). Und Aufgaben mit Priorität C müssen Sie zwar selbst erledigen, allerdings hat dies etwas Zeit. Notieren Sie, wann Sie sich dieser Aufgabe widmen wollen oder legen Sie diesen Vorgang auf einen voraussichtlich ruhigeren Tag in Ihren Vorordner.

Dies sind nur einige Ansatzpunkte für eine effektive Büroorganisation. Eine klare Strukturierung der Unterlagen schafft Übersicht und lässt Ihnen viel Zeit für die wirklich wichtigen Dinge im Leben eines Verkäufers.

Der Tod eines Handlungsreisenden

Es gibt Verkäufer, die ein Leben lang von Termin zu Termin hetzen, jedoch nicht wirklich ein Ziel erreichen. Weil Sie sich einfach nie die Zeit genommen haben, darüber nachzudenken, was das denn überhaupt ist und was sie im Leben wirklich wollen. Kennen Sie das Drama „Der Tod eines Handlungsreisenden"? Dieses Stück bringt die Tragik eines Lebens mit vielen Reisen, vielen Terminen, Rückschlägen, Stress, Hektik und wenig persönlichem Erfolg, Glück und Erfüllung gut zur Geltung. Wenn Sie sich also oft fühlen wie ein Hamster im Laufrad, der rennt und rennt und rennt, ohne zu wissen, ob er gerade flüchtet (wenn ja, vor was) oder ob er gerade auf dem Weg nach irgendwo ist, dann greifen Sie gleich jetzt zu Papier und Stift und machen Sie sich auf die Suche nach Ihren Zielen!

Was sind Ihre Ziele? Kennen Sie Ihre Ziele? Sicher werden Sie wissen, was Ihre privaten Ziele sind, nicht wahr? Mein Haus, mein Auto, mein Pferd, meine Yacht ... Aber was sind Ihre Ziele als Verkäufer? Wo wollen Sie hin, welche Wege wollen Sie gehen? Wenn Sie sich darüber noch keine Gedanken gemacht haben, wo denken Sie, werden Sie landen? An der Stelle des Top-Sellers, der irgendwann die Geschäftsführung übernimmt, oder an der Stelle des Mr. Irgendwer, an der Stelle irgendwo bis zum Zeitpunkt irgendwann. Welches der beiden Ziele scheint Ihnen erfolgsträchtiger? Welches erstrebenswerter? Es ist also höchste Zeit, sich einmal Gedanken zu machen, wie Sie sich als Verkäufer Ziele setzen und vor allem auch erreichen!

Work-Life-Balance

Wer kennt sie nicht, die Tage, an denen man sich fragt: „Für wen mache ich das hier eigentlich alles mit? Schon früh morgens der erste Termin, dann geht es den ganzen Tag so weiter, und am Abend sitze ich dann auch noch, um die Berichte für die Firma fertig zu schreiben." Wo bleibe ich? Wo bleibt meine Beziehung? Wo bleibt die Familie? – Fragen, mit denen sich eingebundene Verkäufer manchmal erst dann auseinander setzen, wenn der erste Herzinfarkt droht oder es eben keine Beziehung, geschweige denn eine Familie gibt.

Es muss doch noch mehr geben ... Gibt es! Vorausgesetzt, Sie schaffen die wesentlichen Voraussetzungen, um effektiv arbeiten und darum herum das Leben auch genießen zu können. Work-Life-Balance heißt das schlaue Ziel, das viele anstreben und ebenso viele nicht erreichen. Immer zählt der Kunde und dessen Wünsche mehr; immer gibt es noch einen wichtigen Termin, immer eine Umsatzvorgabe, die es zu erfüllen gilt, immer, immer, immer ... bis es für immer zu spät ist.

Sie haben bereits etwas zum Thema Büroorganisation gelesen, und im nächsten Kapitel beschäftigen wir uns auch noch mit dem wichtigen Bereich der Ziel- und Zeitplanung. Planen Sie einfach Ihre privaten Termine genauso ein wie einen Geschäftstermin. Scheuen Sie sich nicht davor, persönliche Zeiten fest zu reservieren: Ob es das morgendliche Joggen zweimal die Woche oder das Abendessen mit Ihrer Freundin/Ihrem Freund am Freitagabend zum Einstieg in ein wunderbares Wochenende ist. Ob Sie mit Ihren Kindern einmal die Woche zwei Stunden herumtollen oder mit Freunden abends einfach mal ein Bier trinken gehen. Je genauer Sie diese Termine fixieren, umso besser geht es Ihnen am nächsten Morgen oder Tag wieder im beruflichen Umfeld. Sie sind motivierter denn je, haben genügend Kraft für die Dinge, die da kommen. Sie praktizieren Work-Life-Balance, sind nicht nur glücklicher, sondern langfristig auch erfolgreicher, in allem, was Sie tun.

2.3 Der Weg ist das Ziel – Kontrolle die Kür

Jeder Verkäufer weiß, dass die Welt des Verkaufs eine schnelllebige Welt ist, eine, in der man flexibel und fleißig sein muss. Niemand, der sich in der Welt und im Berufsalltag eines Verkäufers auskennt, wird behaupten, es ist leicht, konsequent an einer Sache dranzubleiben. Seien Sie sich dieser Gefahr der ständigen Ablenkung bewusst. Denn: Gefahr erkannt, Gefahr gebannt. Planen Sie jeden Tag schriftlich und lassen Sie sich freie Zeit für Unvorhergesehenes. Lernen Sie, auch einmal Nein zu sagen. Gerade Vorgesetzte und Kollegen haben die Eigenschaft, andere Menschen gerne völlig aus dem Konzept zu bringen. Machen Sie diesen freundlich und konsequent klar, welche Ziele Sie verfolgen und was dafür nötig ist. Vielleicht werden Sie so auch Helfer finden. Je mehr Menschen von Ihrem Vorhaben wissen, umso mehr Menschen haben die Chance, Ihnen zu helfen. Und wenn Sie ein Ziel partout nicht erreichen, sosehr Sie es auch versuchen, setzen Sie keinesfalls Ihre Ansprüche herunter. Ändern Sie einfach die Strategie. Es gibt garantiert einen Weg zu Ihrem Ziel, sonst wäre es ja kein Ziel, sondern eine Insel. Suchen Sie diesen Weg und nehmen Sie sich dafür Zeit. Je erstrebenswerter für Sie dieses Ziel ist, umso mehr Zeit nehmen Sie sich für die Erstellung Ihrer „Landkarte".

Konkrete Ziele sichern den Erfolg

Ihr Ziel sollte so detailliert definiert sein, dass genau feststeht, was, wie viel, wie, von wem, in welcher Zeit, an welchem Ort und aus welchem Grund erreicht werden soll. Nur wer exakte Ziele hat, ist fähig, Schritte in eine erfolgversprechende Richtung zu unternehmen. Seien Sie bei der Festlegung dieser Ziele jedoch realistisch. Es wird Sie nicht weiterbringen, wenn Sie sich vornehmen, Ihren Umsatz in einem Monat verdoppelt zu haben (es sei denn, Sie haben gerade nur ein bis zehn Kunden). Aber es ist ein realistisches Ziel, wenn Sie Ihre Abschlüsse in einem Jahr verdoppeln wollen. Geben Sie sich genügend Zeit zur Umsetzung. Nicht zu viel Zeit, jedoch genügend.

Im Verkauf können Sie zwei Arten von Zielen unterscheiden:

- Quantitative Ziele: z.B. bzgl. der Umsatzhöhe, der Absatzzahlen oder der Marktanteile,
  und
- Qualitative Ziele: z.B. bzgl. des Expertenstatus oder der Marktpositionierung.

Ziele erreichen – Verkaufszahlen steigern

Mahatma Gandhi sagte einmal: „Setze deine Ziele groß genug, und die Umstände werden sich nach deinen Zielen richten." Erfolgreiche Verkäufer haben hohe Ziele, die sie mit der notwendigen Konsequenz auch umsetzen. Natürlich gehört Fachwissen dazu und die Sicherheit, das Richtige zu tun, aber eben auch eine gehörige Portion Ehrgeiz und der unbändige Wille zum Erfolg.

Ziele werden im Kopf geboren, durch Ihre Wünsche und Ihre Visionen. Beginnen wir zunächst mit der Zielsetzung. Sehen Sie sich in Ihrem Leben, Ihrem Beruf bewusst um. Überall gibt es Hinweise auf mögliche Ziele. Solche Hinweise finden Sie in Ihrem Hobby, Ihren privaten Interessen, Ihren Neigungen. Was macht Ihnen Spaß, was, könnten Sie sich vorstellen, wäre für Sie die absolute Erfüllung? Lassen Sie sich Zeit, um Ihre Ziele festzulegen. Berücksichtigen Sie alle wichtigen Faktoren in Ihrem Leben. Dazu gehört ebenso das Familienleben, sofern es Ihnen wichtig ist, wie auch die Ethik, die Sie in Ihrem Beruf sehen. Sobald Sie erkannt haben, welche Ziele Sie für Ihr Lebens- und Berufskonzept festlegen werden, können Sie auch Ihre Ziele für Ihren täglichen Verkaufs-Alltag festlegen. Definieren Sie all diese Ziele genau und überlegen Sie sich für jedes einzelne Ziel eine Strategie. Gehen Sie dabei vor, als würden Sie einem Fremden den Weg in das versteckteste, aber wunderschönste Lokal Ihrer Stadt erklären. Gehen Sie ins Detail und vor allem legen Sie Ihre Pläne, Ihre Strategie schriftlich fest. Geschriebenes wird sich eher realisieren als Gedachtes, aus dem einfachen Grund, weil es etwas Verbindliches hat.

Anleitung zur Zielsetzung und -erreichung
1. Warum habe ich das Ziel?
2. Was beinhaltet mein Ziel?
3. Wie erreiche ich mein Ziel?
4. Wann werde ich mein Ziel erreicht haben?
5. Wodurch erreiche ich mein Ziel (Personen, Hilfsmittel)?
6. Wozu will ich mein Ziel erreichen?

Schmücken Sie bei Ihrer gesamten Strategie nicht nur den Weg aus, sondern die Ziele. Stellen Sie sich ganz genau vor, welches Zwischenziel Ihnen welchen Nutzen bringt und welches weitere Ziel Ihnen dadurch näher gebracht wird. Je ausführlicher Ihr „Schlachtplan" ist, umso mehr Lust werden Sie auf die Realisierung bekommen. Und je eher Sie damit anfangen, umso besser. Ich empfehle Ihnen, sofort mit dem ersten Schritt zu beginnen, auch wenn es nur ein ganz kleiner ist.

Step by Step: Ziele durch Maßnahmenpläne realisieren

Wenn Sie sich zum Ziel gemacht haben, Ihre Kunden künftig noch besser beraten zu können, dann überlegen Sie sich, welche Schwachstellen Ihre Beratungsgespräche bis heute hatten. Gehen Sie Ihre Unterlagen durch und betrachten Sie kritisch, wo Sie etwas noch präziser auf den Punkt bringen können. Wenn Sie es sich zum Ziel gesetzt haben, künftig mehr Abschlüsse zu haben, weil Ihr Endziel der Posten des Top-Sales-Managers ist, überlegen Sie sich, was Sie bisher daran gehindert hat? Sind es die Adressen, welche die Zielgruppe nicht beinhaltet, oder sind es Ihre mangelnden Verkaufstechniken? Kaufen Sie noch heute ein entsprechendes Buch und buchen Sie spätestens morgen ein Seminar zu dem Thema. Vielleicht werden Sie sich sagen, dass Sie es sich nicht leisten können. Gerade weil Sie es sich nicht leisten können, *müssen* Sie es sich leisten. Denn Sie können es sich noch weniger leisten, *nichts* zu unternehmen. Je eher Sie etwas tun, umso besser! Je mehr Sie an den Zielen arbeiten, umso schneller werden Sie angelangt sein. Jedoch Vorsicht: Blinde Aktivität bringt nichts. Stellen Sie deshalb erst einen Maßnahmenplan auf und arbeiten Sie diesen dann konsequent ab!

Machen Sie sich fortan täglich bewusst: Was habe ich heute getan, um meinen Zielen näher zu kommen? Registrieren Sie Ihre Fortschritte und freuen Sie sich darüber. Vielleicht planen Sie in Ihre Strategie gleich Belohnungen für das Erreichen von Zwischenzielen ein. Gehen Sie Ihre Notizen immer wieder durch. So werden Sie es leichter schaffen, bei der Stange zu bleiben und nicht aufzugeben oder gar zu vergessen, was Sie ursprünglich vorhatten. Sehen Sie Ihre Aufzeichnungen als Verbindlichkeit sich selbst gegenüber an (Self commitment). Vielleicht haben Sie ja sogar einen guten Kollegen, der Ihnen hilft und mit Ihnen einen Vertrag abschließt, dass Sie das Ziel X bis zum Zeitpunkt Y erreicht haben müssen. Strafklauseln, z.B. bei Nichterreichung eine Flasche erstklassiger Wein, werden Sie zusätzlich mit sanftem Druck motivieren. Kontrollieren Sie regelmäßig, an welcher Stelle Ihres Plans Sie stehen. Vergleichen Sie Ist- und Soll-Werte. Genießen Sie den Stolz, der unweigerlich in Ihnen wachsen wird!

Ziel- und Zeitplanung ist ein sinnvolles Instrument, um im Verkauf ein Steigerungspotenzial zu wecken. Sie können so Ihren Terminplan rationalisieren und Ihre Verkaufsarbeit noch erfolgreicher gestalten. Beides gibt Ihnen die Möglichkeit, auch Zeit für sich selbst zu reservieren, aktiv Zeit für Ihre Familie und Freunde einzuplanen. Denn so erfolgreich Sie in Ihrem beruflichen Umfeld auch sind, es gibt ein Leben nach dem Verkauf. Genießen Sie es!

2.4 Expertenstatus aufbauen

Mit durchschnittlichen Umsatzzahlen ist es in Zukunft nicht mehr getan. Der Vorsprung eines Beziehungsmanagers, der es versteht, zu seinen Kunden eine enge Bindung aufzubauen, wird maßgeblich flankiert von der Frage, ob er als Experte gilt oder nicht. Der Expertenstatus wird in einem Markt der vergleichbaren Produkte und Dienstleistungen für Unterscheidungsmerkmale sorgen. Anspruchsvolle Kunden, und Sie können davon ausgehen, dass Kunden durch Informationsvielfalt und Vergleichsmöglichkeiten immer anspruchsvoller werden, wollen vom Besten der Branche betreut werden. Experten sind gefragt! Fangen Sie also rechtzeitig an, an Ihrem Expertenstatus zu arbeiten.

Experten sind Menschen, denen man im Vergleich zu anderen einfach mehr zutraut. Würden Sie sich bei einer komplizierten Operation lieber in die Hände eines unerfahrenen Assistenzarztes begeben? Oder ist Ihnen dann nicht auch der gefragte Experte in diesem Bereich lieber? Anthony Robbins gilt weltweit als der anerkannte Experte zum Thema Motivation, Reinhold Messner als der „Yeti-Kenner“ unter den Bergsteigern und Kostolany zeit seines Lebens als der Börsenexperte. Experten sind gefragt und haben diesen Status, wenn sie auch nur geringfügig etwas dazu tun, ein Leben lang. Aber wie diesen Expertenstatus erreichen? Es gibt ja schließlich auch tausende von Zeitmanagement-Trainern – warum ist Prof. Lothar Seiwert nun in den Köpfen von vielen der einzig wahre oder der tonangebende?

Verankern Sie sich positiv in den Köpfen und schaffen Sie positive Vorurteile!

Dazu eine kleine Geschichte, die Bände spricht: Zwei Absolventen einer amerikanischen „Marine-Akademie“ schlossen einen besonderen Pakt. Sie versprachen sich gegenseitig nur das Beste vom anderen zu erzählen. Dieses Versprechen galt für die ganze Dauer ihrer Laufbahn. Bei jeder Versetzung sprach jeder besonders vorteilhaft vom anderen und erzählte allen Anwesenden die Erfolgsgeschichte des Kollegen, um welches Publikum es sich auch immer handelte. Dies soll für die beiden Früchte getragen haben, denn sie wurden die ersten Admirale dieses Abschluss-Jahrganges der Akademie.

Das Gleiche können Sie natürlich auch mit Freunden oder Kollegen machen. Angenommen, Sie schließen diesen „Pakt der positiven Propaganda“ mit einer oder zwei Personen und sprechen jedes Mal und bei jeder sich bietenden Gelegenheit über die Errungenschaften, Erfolge, Stärken von diesen Personen. Und diese beiden sprechen selbstverständlich auch über Ihre Errungenschaften, Erfolge, Stärken. Was erreichen Sie hiermit? Sie verankern ein positives (Vor-)Urteil über diese beiden Personen in den Köpfen Ihrer Mitmenschen, und diese tun es auch zu Ihren Gunsten. Diese positiven Vorurteile haben eine unglaubliche Wirkung. Sie haben (sich) vor dem Verkauf unbewusst verkauft. So werden Sie auf die Dauer Ihre Ziele viel schneller und leichter erreichen. Sie schaffen sich dauerhaft eine exzellente Grundlage, um mittel- und langfristig den Status eines Experten zu genießen.

Bekanntheitsgrad = Expertenstatus
Steigern Sie Ihren Bekanntheitsgrad!

Machen Sie auf sich aufmerksam! Halten Sie bei Veranstaltungen Vorträge. Interessieren Sie sich für alles, was mit Ihrem Geschäft zu tun hat. Umgeben Sie sich mit anderen Experten, z.B. als Referent auf Fachsymposien Ihrer Branche. Und konzentrieren Sie sich, wenn möglich, auf ein einziges Gebiet. Denn: Wer einen Bauchladen, ob Wissen oder Ware, vor sich herträgt, kann unmöglich Experte sein – für was auch?

Manche sehr erfolgreiche Menschen haben sich ihren Expertenstatus u.a. auch durch ihren Bekanntheitsgrad aufgebaut. Je bekannter jemand ist, umso eher verbindet man diesen Bekanntheitsgrad auch mit einem Expertenstatus. Natürlich bilden Talent und entsprechendes Fachwissen die Basis, aber ab einem gewissen Punkt trennt sich dann die Spreu vom Weizen. Es gibt viele gute Frisöre, aber nur einen Gerhard Meir. Es gibt viele gute Sportärzte, aber nur einen Gerd Müller-Wohlfahrt. Überlegen Sie einmal, was diese so bekannt macht und gleichzeitig als Experten auszeichnet? Genau! Ein Gerhard Meir wäre ohne seine Promis nur halb so bekannt und ein Gerd Müller-Wohlfahrt ohne seine Star-Sportler nur halb so erfolgreich. Stars ziehen andere Stars an, Unternehmer ziehen andere Unternehmen an.

Orientieren Sie sich an Ihrer Zielgruppe

Angenommen, Sie sind Verkäufer, in welchem Kreis bewegen Sie sich? Wenn Sie z.B. als Autoverkäufer im Geschäftswagenbereich als Experte gelten wollen, dann dürfen Sie nicht an den Hausmeister ein Auto verkaufen und auch nicht an die Sekretärin. Wenn Ihre Zielgruppe Manager und Vorstandvorsitzende heißt und Sie genau diesen das Traumauto als Geschäftswagen verkaufen wollen, dann dürfen Sie nicht einmal eine Stufe darunter einsteigen. Überlegen Sie auch, ob Ihre Berufsbezeichnung zu der von Ihnen anvisierten Zielgruppe passt. In VW-Niederlassungen wird die Luxuslimousine PHAETON wohlhabenden Kunden von „Luxuswagenspezialisten“ verkauft, die sich auch als solche den Kunden auf ihrer Visitenkarte präsentieren.

Sorgen Sie dafür, dass Ihr persönlicher Auftritt oder Ihr Firmenauftritt zu den von Ihnen anvisierten Zielgruppen passt. Dazu ein Beispiel aus der eigenen Praxis. Als ich das Management Institut SECS in Düsseldorf gründete, hatte ich klare Zielvorstellungen. Bei Firmenseminaren war die Zielgruppe wirtschaftlich florierende und innovative Unternehmen. Ich wollte mich mit den offenen Businessseminaren und Coachings ausschließlich an Selbstständige oder Unternehmer und Manager in mittleren und großen Unternehmen wenden. Meine Zielgruppe sind bereits erfolgreiche Entscheidungsträger, die für ihre Karriere den „letzten Schliff" benötigen. Sie sind zwischen Mitte 20 und Mitte 50 Jahre alt und haben ein gehobenes Einkommen, legen häufig Wert auf Statussymbole und fahren meist ein teures Auto. Sie legen Wert auf Qualität und Exklusivität. Genauso ist der Firmenauftritt des Instituts: Sitz ist ein Schloss im Düsseldorfer Süden. Der Internetauftritt ist nobel, modern und signalisiert durch verschiedene Gestaltungselemente wie z.B. das Schloss im Firmenlogo Exklusivität. Die Korrespondenz wird auf edlem Papier abgewickelt – die Seminare werden im oberen Preissegment angeboten. Das Institut wird regelmäßig in der Presse erwähnt. Durch diese bewusste Entscheidung wurde auch einiges leichter. Während andere Kollegen monatelang Verlage abklappern, sind mir Buchprojekte angeboten worden, ohne dass ich einen Verlag kontaktieren musste. Angenehmer Nebeneffekt für die Selbst-PR.

•

Wenn Sie Ihre gewünschte Zielgruppe nicht erreichen, müssen Sie regelmäßig überlegen, woran es liegen könnte. Vielleicht liegt es auch daran, dass Sie nicht wirklich das tun, was Ihren Talenten entspricht? Denn nur dann sind Sie auch mit Leib und Seele bei der Sache.

Talente fördern den Expertenstatus

Überlegen Sie einmal, was Sie in Ihrer Kindheit besonders gerne gemacht haben. Woran hatten Sie Freude? Von welcher Tätigkeit musste Ihre Mutter Sie förmlich „wegreißen"? Sicher kennen Sie das: Wenn Sie mit Feuereifer an etwas arbeiten, das Ihnen wirklich Spaß und Freude macht, dann machen Sie es auch besonders gut, oder? Und mit genau diesen Talenten bieten Sie auch Ihren Mitmenschen sichtbar mehr Nutzen als Ihre Mitbewerber. Überlegen Sie also grundsätzlich:

Ist der Verkauf das, womit ich glücklich = erfolgreich werde? Wenn ja, warum? Und wenn nein, warum nicht?

____

____

____

Macht es mir Spaß, mit Menschen um- und aktiv auf diese zuzugehen?

In welchem Bereich kann ich meine Talente am besten einsetzen?

Wie kann ich meine Talente im Verkauf besser nutzen?

Wie kann ich mein Angebot so spezialisieren, dass dies meinen Talenten und damit auch meinen Kunden zugute kommt?

Wie auch immer Sie diese Fragen beantworten, was auch immer dies für Ihre Zukunft bedeutet. Es soll Ihnen helfen, sich zunächst einmal zu orientieren, um dann auf dem Weg zum Experten einen gewaltigen Schritt weiterzukommen. Allerdings ist es damit noch nicht getan. Wenn Sie einen gewissen Expertenstatus haben, müssen Sie dafür sorgen, dass dieser in den entsprechenden Zielgruppen auch bekannt wird. Natürlich wird dies zu einem Teil die Mundpropaganda bewirken. Allerdings kann es absolut nicht schaden, auch aktiv dafür zu sorgen, dass Sie sich in den Köpfen Ihrer (potenziellen) Kunden als Experte den vordersten Platz sichern.

Zur weiteren Vertiefung in die Themen Expertentum und Talenterkennung empfehle ich Ihnen folgende hervorragenden Bücher: Alexander Christiani: *Magnet-Marketing* sowie von Alexander Christiani & Frank Scheelen: *Stärken stärken.*

2.5 Vom ICH zum WIR: Erfolg im Team

In Unternehmen ist eine funktionierende Zusammenarbeit die Voraussetzung für Erfolg und Wachstum. Dies gilt besonders auch im Verkaufsbereich, in dem meist Außen- und Innendienst sehr eng zusammenarbeiten. Nur wenn sich diese wirklich als Team fühlen und wissen, dass der eine ohne den anderen nicht so erfolgreich sein kann wie im gemeinsamen Wirken, lebt der Teamgedanke. Wo immer aber Menschen zusammenarbeiten, stoßen auch unterschiedliche Interessen und Meinungen aufeinander. Werden diese nicht rechtzeitig und effektiv kommuniziert, treten Störungen im Team auf, die enormen Schaden auf der Kundenseite verursachen. So kann es sein, dass der Außendienstler beim Kunden z.B. über den unfähigen Innendienst schimpft und umgekehrt der Innendienst bei einer Reklamation äußert, der Außendienst fahre ja eigentlich nur so „durch die Gegend".

Ist das Team flexibel, schnell handlungsbereit und motiviert, gemeinsame Ziele zu erreichen, und sind alle Teams in einem Vertriebsunternehmen auf diese Weise programmiert, dann kann ein Unternehmen gar nicht anders, als mit vereinten Kräften erfolgreich zu sein. Wichtig ist für ein Team jedoch nicht nur, sein Ziel zu kennen, sondern auch gemeinsam den Weg dorthin zu beschreiten und erfolgreich anzukommen.

Idealvoraussetzung ist, wenn ein Verkaufs-Team in der Lage ist, sich selbst zur Weiterentwicklung, zur Spitzenleistung und zu gemeinsamen Erfolgen zu motivieren. Für diese Eigenschaft eines Teams ist die Führungskraft verantwortlich. Dies gelingt aber nur, wenn z.B. der Vertriebsleiter ein offenes Ohr und Auge für den ständigen Wandel und Umbruch der Arbeitsbedingungen der Verkäufer hat. Diese Arbeitsbedingungen sollten klar und operativ so abgesteckt sein, dass sie dem Mitarbeiter eine gute Vertriebsstrategie und hinreichend Handlungsspielraum für selbstständige Aktionen geben. Die Freude, die ein Team bei seiner Arbeit hat, strahlt in die Ergebnisse des Teams – initiiert von der Führungskraft. Diese Freude wird von den Kunden dann als bindender, wärmender Impuls aus dem Unternehmen empfunden.

Innen- und Außendienst – gemeinsam sind wir stark

Im Vertrieb kommt es immer wieder zu enormen Spannungen zwischen dem Innen- und dem Außendienst. „Die fahren doch nur durch die Gegend, können sich im Sommer schöne Nachmittage machen und ich muss hier von 8.00 bis 17.00 Uhr im Büro sitzen!" – so lautet oft die Meinung im Innendienst. Und vom Außendienst ist zu hören: „Die im Innendienst haben es gut. Geregelte Arbeitszeiten und ansonsten können sie ihre Freizeit genießen. Ich sitze noch abends über irgendwelchen Auswertungen, zu jeder Tages- und Nachtzeit rufen Kunden an und am Wochenende muss ich schon wieder auf eine Hausmesse!" Jeder denkt, dass er gegenüber dem jeweils anderen in der schlechteren Lage ist und „die anderen" überhaupt nicht zu schätzen wissen, was man eigentlich bewegt.

Dabei wäre es doch so einfach, für etwas Aufklärung zu sorgen, z.B. indem man einfach mal für einen Tag den anderen im Außendienst begleitet oder ein Verkäufer im Innendienst miterlebt, wie schwierig z.B. manche Reklamationsgespräche mit Kunden sind, die bei ihm gekauft haben und bei denen dann Probleme mit der Ware auftreten. Im Vertrieb muss es immer beides geben – und schließlich hatten die meisten Mitarbeiter einmal die Wahl, sich für einen Bereich zu entscheiden.

Sind Sie damit nicht zufrieden, dann ändern Sie die Situation doch einfach und sprechen Sie mit Ihrem Vorgesetzten darüber. Ansonsten müssen Teams sich einfach darüber bewusst sein, was den Erfolg im Team ausmacht. Hier die wichtigsten Regeln:

- ➜ Schaffen Sie das Zwei-Klassen-Denken ab – jeder ist wichtig!
- ➜ Legen Sie Ziele gemeinsam fest!
- ➜ Helfen Sie sich gegenseitig!
- ➜ Reden Sie miteinander!
- ➜ Tauschen Sie Informationen offen und schnell aus!
- ➜ Tragen Sie Konflikte konstruktiv aus!
- ➜ Jeder darf seine Meinung äußern!
- ➜ Feiern Sie Erfolge gemeinsam!

Ein neues Team zusammenzustellen oder ein gewachsenes Team zu lenken und festgefahrene Strukturen zu ändern, ist nicht einfach, jedoch machbar! Verhaltensmuster können durch eine offene Kommunikation durchbrochen werden. So ist ein lebendiges und synergetisches Miteinander möglich. Die Teamplayer müssen nur erkennen, dass gerade unterschiedliche Meinungen und Erfahrungen im Team ein enormer Vorteil sind. Jedes Teammitglied muss allerdings auch die Möglichkeit haben, sich mit seinen Stärken in das Team einzubringen. Teamarbeit hilft, das Wissen und die Fähigkeiten der Mitarbeiter zu bündeln. Dabei ist das Ergebnis mehr als die Summe der Einzelleistungen. Doch gute Teamarbeit erfordert Koordination, transparente Abläufe und klare Zuständigkeiten.

Zusammenfassung
Kapitel 2: Wer bin ich? Das Selbstverständnis eines Verkäufers

1. Erfolgreiche Verkäufer lieben, was sie tun!
2. Tägliche Veränderungen erfordern ein hohes Maß an Flexibilität, sowohl für den Verkäufer wie auch für den Kunden!
3. Kompetenz sorgt für Sicherheit!
4. Selbstreflexion hilft auf dem Weg nach vorne!
5. Ordnung schafft Übersicht, Organisation bringt Zeit!
6. Ziele werden aus Wünschen und Visionen geboren und sichern den Erfolg!
7. Maßnahmenpläne erhöhen den Zielerreichungsgrad!
8. Der Expertenstatus sorgt für Einmaligkeit!
9. Bekanntheitsgrad schafft Expertenstatus!
10. Erfolgs-Teams führen sich selbst zu Spitzenleistungen!

Die drei wichtigsten Punkte für mich:

1.

2.

3.

Mein Umsetzungsplan:

Folgende Ideen werde ich umsetzen:

Noch heute:

Morgen:

In der nächsten Woche:

3 Verkaufen von Mensch zu Mensch

Bevor wir uns mit anderen Menschen beschäftigen, ist es notwendig, erst einmal zu erforschen, wer wir sind. Wo liegen unsere Stärken? Wer sind wir und was wollen wir wirklich? Unter der Voraussetzung, dass wir uns selbst mögen und unser Tun wertschätzen, können wir auch auf andere Menschen, sprich unseren Kunden, offen zugehen. Wichtig ist dabei, aufmerksam darauf zu achten, was der andere möchte, wo seine Interessen liegen, welche Wünsche er hat. Vom ICH (Verkäufer) zum DU (Kunde) zum WIR (Partnerschaft) geht der gemeinsame Erfolgsweg. Oder, wie der amerikanische Schriftsteller Orison Sweet Marden sagte: „Die einmalige Gelegenheit, die du suchst, ist in dir selbst. Sie ist nicht in deiner Umgebung, sie ist kein Glück oder Zufall oder eine Chance oder Hilfe anderer. Sie liegt in dir allein."

3.1 Ethik im Verkauf

Ethik und Verkauf – passt das überhaupt zusammen? Ist Ethik verkaufbar und der Verkauf ethisch. Das könnte schon fast zur philosophischen Frage werden und damit auch wieder zu unserem Thema passen, das „Ethik im Verkauf" lautet. Wir werden uns deshalb etwas mit dieser Materie auseinander setzen, weil, zumindest ist dies meine Meinung, Verkauf ohne Ethik nicht denkbar ist. Denn wenn ein Verkäufer, nur um zu verkaufen und seine Prozente einzustecken, eine Ware oder eine Dienstleistung an den Mann oder die Frau bringt, wohlwissend, dass dieser oder jene genau dieses Produkt oder jene Dienstleistung überhaupt nicht braucht, wäre dies ethisch sehr fragwürdig.

Aber was ist Ethik überhaupt? Das Lexikon gibt folgende Auskunft: Die Ethik, vom griechischen ethika, „das die Sittlichkeit Betreffende", „Sittenlehre", beschäftigt sich mit den Normen und Werten einer Gesellschaft. Die Ethik beschreibt die herrschende Vorstellung von Sittlichkeit. Ethik ist immer auch eine Frage des eigenen Handelns und welche Resultate dieses Handeln hat. Eine Frage, die sich jeder Verkäufer einmal stellen muss, ist: Handle ich immer ethisch korrekt und verdiene so mein Geld „auf ehrliche Art und Weise" oder benutze ich auch manchmal schmutzige Tricks, um einen Abschluss zu erzielen? Das kann das Verschweigen von wesentlichen Produktmerkmalen sein oder indem Kunden einfach überrumpelt werden.

Ehrlich währt am längsten

Den meisten Verkäufern, von ein paar schwarzen Schafen abgesehen, geht es heute nicht mehr nur darum, Umsatz zu machen. Den meisten Verkäufern geht es heute darum, mit ihren Kunden eine gute Partnerschaft einzugehen, diese langfristig als Kunden zu gewinnen. Und dies ist nur möglich, wenn fair und ehrlich miteinander umgegangen wird. Ehrlich währt am längsten und ist ethisch mit Sicherheit am besten zu vertreten.

Verkäufer übernehmen durch ihre Tätigkeit eine gewisse Verantwortung, sich selbst gegenüber, genauso wie gegenüber ihrem Produkt, ihrer Dienstleistung, ihrer Firma, aber auch ihrer Familie und ihren Freunden gegenüber. Nicht zuletzt natürlich die Verantwortung gegenüber dem Kunden, der sich auf das fachliche Verständnis und den „guten Rat" des Verkäufers verlässt. In einem solchen Netzwerk kann es sich eigentlich kein Verkäufer erlauben, ohne ethisches Grundverständnis zu handeln. Tut er es doch, sind eben jene Verkäufer oft der Grund dafür, dass das Image „des Verkäufers" so schlecht ist – von Drücker-Kolonnen bis zum hemmungslosen Geschäftemachen, nur um des lieben Geldes willen.

Natürlich gibt es keine festen Regeln, was Ethik im Verkauf nun bedeutet. Kein Standardwerk legt fest, was im Umgang mit Kunden erlaubt ist und was nicht. Hier kommt es auf den einzelnen Verkäufer an. Er muss sich jeden Morgen im Spiegel betrachten (können). Folgende Ethik-Grundsätze können Ihnen einen Leitfaden liefern:

1. *Das Wohl des Kunden steht im Vordergrund.* Er muss einen konkreten Nutzen aus dem Geschäft ziehen. Für ihn müssen sich Wünsche erfüllen.

2. *Vor dem Verdienen kommt das Dienen.* Ich stehe meinem Kunden gegenüber in der Pflicht, ihm alle Hilfen anzubieten, die er für eine Kaufentscheidung benötigt.

3. *Menschlichkeit ist oberstes Gebot:* „Was du nicht willst, das man dir tu, das füg' auch keinem anderen zu." Ich behandle Kunden immer mit dem nötigen Respekt vor deren Persönlichkeit.

Schon der römische Lustspieldichter Publilius Syrus (1. Jhd. v. Chr.) erkannte: „Wer klug zu dienen weiß, ist halb Gebieter." Und das gilt ganz besonders im Verkauf.

3.2 (Un-)Mögliche Verkaufsstile

Was Sie verkaufen, ist Ihnen sicherlich bekannt. Ihr Produkt oder Ihre Dienstleistung kennen Sie in- und auswendig. Die Nutzenargumente sind Ihnen vertraut und auf Kundenfragen haben Sie meist auch eine gute Antwort. Aber wissen Sie eigentlich, wie Sie verkaufen? Machen Sie jedes Mal etwas anderes richtig oder haben Sie vielleicht einen ganz eigenen Stil entwickelt, einen Ablauf, in dem Sie sich wohl fühlen und mit dem Sie erfolgreich sind? Erfolgreiche Verkäufer haben diesen ganz speziellen Verkaufsstil. Vielleicht können Sie sich in nachfolgenden Typen wieder erkennen und aus dem „Für und Wider" etwas lernen. Mark H. McCormack beschreibt in seinem Buch „Die Schule des Verkaufens" folgende Verkaufsstile:

1. Die Aufziehpuppe

Was diesen Verkäufer von der großen Masse unterscheidet, ist seine Energie und Begeisterung. Wie eine Aufziehpuppe geht er von Termin zu Termin, immer gut gelaunt und mit der Überzeugung: Die Menge macht's! Wenn Ihr Produkt oder Ihre Dienstleistung kein Alleinstellungsmerkmal haben, dann sind Sie als Sonnyboy oder Sonnenschein eben Ihr ganz alleiniges Alleinstellungsmerkmal. Und Sie werden verkaufen!

2. Das menschliche Bollwerk

Verkäufer, die als menschliches Bollwerk jeden Schlag einstecken, sind der Überzeugung, dass es wichtiger ist, im Spiel zu bleiben, als nur einmal (kurzfristig) den Super-Abschluss zu erzielen. Sie legen viel Wert auf eine kontinuierliche Kundenbeziehung. Sie wissen, dass man als Verkäufer bereit sein muss, sich zu engagieren, um diese aufzubauen und auch aufrechtzuerhalten. Sie legen nicht jedes Wort des Kunden auf die Goldwaage, schauen gelassen über so manches harte Wortgefecht hinweg. Sie wissen, was Sie sowohl als Person zu bieten haben als auch als Unternehmen mit den Produkten und Dienstleistungen im Angebot. Sie stehen zu sich und zu dem Kunden, auch, wenn dieser diese Loyalität nicht immer zu schätzen weiß. Der Verkäufer als menschliches Bollwerk hat das große Spielfeld im Blick und ist sich dessen bewusst, dass nach dieser Spielserie die nächste folgt.

3. Die Stimme

Kennen Sie das auch, wenn Ihnen bei einer Stimme die Gänsehaut über den Rücken läuft? Sie sind völlig hin und weg, wenn Sie diese Stimme hören? Nicht jeder Mensch ist mit einer solchen Stimme gesegnet, aber Verkäufer können sehr viel daran arbeiten, eine Stimme zu haben, die beim Verkaufen hilfreich ist. Erfolgreiche Verkäufer können mit ihrer Stimme eine bestimmte Stimmung erzeugen. Wie wollen Sie bei Ihrem nächsten Verkaufsgespräch klingen: Neugierig? Vertrauenswürdig? Kämpferisch? Trainieren Sie vor entscheidenden Gesprächen das, was Sie sagen wollen und wie (mit welcher Stimme) Sie es sagen wollen. Dann haben Sie bald sehr viel Übung darin, mit Ihrer Stimme die gewünschte Stimmung zu erzeugen.

4. Der Witzbold

Eine Beziehung lässt sich am leichtesten aufbauen, wenn man einmal miteinander gelacht hat. Es ist also durchaus hilfreich, humorvoll mit dem Kunden umzugehen. Aber Vorsicht: Nicht jeder Mensch ist von Haus aus ein Witzbold und nicht jeder Kunde lacht über den gleichen Witz. Prüfen Sie, ob dieser Verkaufsstil zu Ihnen als Person passt und gehen Sie auch auf Kundenseite wohlüberlegt damit um.

5. Der Experte

Experten sind Menschen, die meist von sich selber sagen, dass Sie gar nicht verkaufen können. Und dabei doch ein solch großes Potenzial in sich tragen, dass Sie mehr verkaufen als andere. Wie sie das machen? Ganz einfach: Sie strahlen einfach in dem, was Sie tun, eine solche Sicherheit aus, dass jeder die natürliche Autorität spürt und der Kunde das Gefühl des Vertrauens und Kaufenwollens hat. Oder sie sprechen mit einer solchen Begeisterung und Liebe von dem, was Sie tun, dass auch hier der „(Ver)Kaufsfunke" überspringt.

Egal ob Sie nun bereits einen Verkaufsstil haben, von Fall zu Fall mit den unterschiedlichen Techniken arbeiten oder auch nicht: Wenn Sie Abschlüsse tätigen, mit Spaß bei der Sache sind und Ihre Kunden sich wohl fühlen, dann haben Sie sicherlich mehr Verkaufsfähigkeiten in sich, als Sie glauben. Zweifeln Sie nicht so oft an sich, sondern erinnern Sie sich lieber Ihrer bisherigen Erfolge und freuen sich darauf, was die Zukunft Ihnen bringt.

3.3 Wann ist ein Verkäufer ein „guter Verkäufer"?

Wann ist ein Mann ein Mann? Dies fragte sich nicht nur Herbert Grönemeyer in seinem Lied „Männer". Im Umgang mit Verkäufern stellt sich so mancher Kunde sicher auch manchmal die Frage: „Warum kaufe ich eigentlich immer bei dem Verkäufer? Und warum bei einem anderen überhaupt nicht?" Wann ist ein Verkäufer ein „guter Verkäufer"? Wenn er die besten Preise macht? Wenn sein Produkt ein Alleinstellungsmerkmal besitzt? Wenn er besonders freundlich ist, aber sonst von nichts eine Ahnung hat? Wenn er fachlich jedem Professor Konkurrenz machen könnte? Oder, wenn er es einfach versteht, mich im richtigen Moment mit dem richtigen Produkt anzusprechen? Der emotionale Umgang mit Kunden ist sicher ein herausragendes Detail aus der Liste der geforderten Eigenschaften. Doch dazu im nächsten Kapitel mehr.

Die Persönlichkeit macht's

In der Fachliteratur gibt es viele Hinweise, wie ein Verkäufer sein sollte, welche Persönlichkeitsmerkmale er besitzen sollte: Extrovertiert sollte er sein, aktiv, höflich, anpassungsfähig, selbstsicher, zuverlässig ... Die Liste ließe sich unendlich lange fortführen. Wie sind Sie denn? Haben Sie alle Eigenschaften, die ein guter Verkäufer haben soll. Oder sind Sie eher etwas introvertiert und überzeugen Ihre Kunden vielleicht nicht von jetzt auf gleich, haben jedoch sehr viele lange und erfolgreiche Geschäfts-Partnerschaften? Natürlich gibt es gewisse Eigenschaften, die ein Verkäufer mitbringen sollte. Doch gibt es immer auch die Ausnahme von der Regel. Damit Sie sich aber doch einmal etwas mit den Anforderungen beschäftigen können und ausloten, bei welchen Eigenschaften Sie wo stehen, nachfolgend eine kleine Aufstellung.

Ein erfolgreicher Verkäufer sollte

0 % 100 %

1. Belastbar und einsatzbereit sein

2. Positiv eingestellt sein

3. Sich mit seinem Beruf identifizieren

4. Informiert und mit Unterlagen ausgestattet sein

5. Probleme analysieren und lösen können

6. Zuhören und die richtigen Fragen stellen können

7. Bei Fragen und in Argumentationen sicher sein

8. Sich gerne um (Kunden-)Wünsche kümmern

9. Zuverlässig sein, d.h. Versprechen auch einhalten

10. Menschen für sich gewinnen können

Und nun kreuzen Sie mit einer anderen Farbe an, wie Sie sich selbst sehen als Verkäufer.

Die Identifikation macht den Unterschied

Jeder Verkäufer muss sich mit verschiedenen Dingen identifizieren. Denn ohne diese Identifikation ist es kaum möglich, ein guter Verkäufer zu sein. Die Identifikation ist innen und strahlt nach außen. Ihr Kunde wird es merken, wenn Sie von Ihrem Produkt nicht 100 %ig überzeugt sind oder Sie das Gefühl haben, dass es zu teuer ist. Auch wenn Sie Ihrem Unternehmen eher skeptisch gegenüberstehen, wird Ihr Kunde diese Skepsis fühlen. Wie soll er dann die Sicherheit aufbauen, die er zum Kauf braucht? Und auch mit der Tätigkeit eines Verkäufers müssen Sie sich über kurz oder lang anfreunden. Wenn Sie sich als „Klinkenputzer" sehen oder Berater, werden Sie eben Klinken putzen oder beraten. Ob Sie allerdings überhaupt etwas und wie viel davon verkaufen, sei dahingestellt. Natürlich spielt in diesem Zusammenhang auch ein gewisses Selbstbewusstsein eine entscheidende Rolle. Ob Sie sich mit Ihrer Aufgabe identifizieren, können Sie an folgenden Fragen testen:

- ➜ Ist es eine oder *meine* Aufgabe?
- ➜ Wie denke ich über diese Aufgabe?
- ➜ Wie engagiert arbeite ich daran?
- ➜ Wer ist für den Erfolg (ich!) bzw. Misserfolg (immer die anderen!) verantwortlich?

Verkäufer müssen sich vor allem mit einem identifizieren, nämlich damit, dem Kunden zu dienen, wie auch Dale Carnegie (1888–1955) sagte: „Die Welt ist voll von habgierigen, selbstsüchtigen Menschen. Deshalb haben die wenigen, die selbstlos versuchen, anderen zu dienen, einen ungeheuren Vorteil: Sie stehen praktisch konkurrenzlos da." Wenn auch Sie konkurrenzlos dastehen wollen, müssen Sie damit leben können, dass nicht Sie, sondern der Kunde im Mittelpunkt des Geschehens steht. Das ist bei Verkäufern, die ja auch extrovertiert sein sollen, nicht immer so ganz einfach. Viele schaffen es einfach nicht, sich zurückzunehmen und dem Kunden nur als aktiver Helfer zur Seite zu stehen. Sie reden viel zu viel, versuchen den Kunden mit möglichst vielen Argumenten zu überzeugen. Dabei ist dieser vielleicht schon lange überzeugt und wartet nur darauf, dass der Verkäufer einmal fragt, was er denn dazu sagt, und auch wirklich zuhört.

Vielleicht sollten sich die Verkäufer einfach einmal mit ihren Kunden identifizieren, die Welt aus deren Augen sehen, oder wie der amerikanische Unternehmer und Toys'R'Us Gründer Charles Lazarus betonte: „Die besten Ideen kommen mir, wenn ich mir vorstelle, ich bin mein eigener Kunde. Die meisten Dinge, die wir lernen, lernen wir von den Kunden."

3.4 Der emotionale Umgang mit Kunden

Gefühle regieren die Welt! Nicht nur, wenn es um die Liebe geht, sondern ganz besonders auch im Verkauf. Menschen kaufen nur, weil sie ein bestimmtes Gefühl (Stolz, Freude u.a.) haben wollen. Und ebenso gelingt es einem Verkäufer auch nur, dem Kunden etwas nahe zu bringen oder sogar einen Abschluss zu tätigen, wenn er es schafft, diesen auf einer emotionalen Ebene anzusprechen. Kundenbegeisterung erreichen Verkäufer, die emotional mit dem Kunden umgehen und es schaffen, in ihm positive Gefühle zu wecken. Fünf entscheidende Faktoren spielen dabei eine Rolle.

Die fünf Erfolgsfaktoren der Emotionen

1. Eine positive Stimmung wirkt ansteckend

Sicher kennen auch Sie Menschen, von denen man sagt: „Also, zum Lachen muss der oder die sicher in den Keller gehen!" Immer ist im Leben dieser Menschen alles schlecht. Immer sind alle anderen daran schuld. Und die Stimmung sinkt, sobald diese Zeitgenossen den Raum betreten. Anders die Sonnenscheine dieser Welt, deren „Auftritt" im wahrsten Sinne des Wortes die Sonne aufgehen lässt. Diese Menschen sind fast immer gut gelaunt und sprühen nur so vor positiver Energie. Natürlich gibt es mentale Grundtendenzen. Doch zu welcher Kategorie Sie auch zählen, Sie haben immer die Möglichkeit, Ihre Stimmung positiv zu beeinflussen. Sie sind Herr über Ihre Gefühle, also auch über Ihre Stimmungen. Wenn es regnet, dann singen Sie eben „I am Dancing in the Rain ...". Und ein Stau bedeutet nicht immer nur eine ungewollte Verzögerung, sondern vielleicht die Chance, einmal in aller Ruhe über ein Problem nachzudenken.

Entscheidend ist, dass Sie als Verkäufer in jedes Verkaufsgespräch in einer grundsätzlich positiven Stimmung gehen. Denn Sie können Ihren Kunden nur emotional positiv ansprechen, wenn Sie selbst in bester Stimmung sind. Und Kunden wollen nun einmal freundlich und zuvorkommend angesprochen werden. Sie können – im Falle schlechter Laune – Stimmungswechsel herbeiführen, indem Sie folgende Schritte befolgen:

- Werden Sie sich Ihrer negativen Stimmung bewusst.
- Stellen Sie sich die Frage: Will ich diese Stimmung den ganzen Tag mit mir herumtragen? Wenn ja, dann brechen Sie diese Übung an dieser Stelle ab. Wenn nein, dann können Sie die Übung fortsetzen.
- Suchen Sie sich ein ruhiges Plätzchen.
- Atmen Sie tief durch und entspannen sich.

- Stellen Sie sich eine besonders schöne Situation in der Vergangenheit vor (erfolgreicher Geschäftsabschluss, Urlaub, ein Sieg im Sport u.a.) und erleben Sie diese mit allen Sinnen. Was haben Sie in genau diesem Augenblick gefühlt?
- Konzentrieren Sie sich voll auf dieses gute Gefühl und übertragen Sie sozusagen dieses gute Gefühl auf die momentane Situation.

Sie können dann gar nicht anders, als positiv gestimmt zu sein. Ihre Stimmung stimmt und Sie haben nun die Möglichkeit, entweder mit Ihrem Kunden, wenn er ebenfalls gut gestimmt ist, im Einklang zu schwingen, oder, wenn er eher missgelaunt ist, ihn mit Ihrer guten Stimmung anzustecken und ebenfalls auf „Wolke 7" zu holen.

2. Energie ausstrahlen

Ihr energetisches Niveau bestimmt die Emotionen Ihrer Verkaufsgespräche und damit auch deren Qualität. Dabei ist es genauso entscheidend, Emotionen zu erfassen, wie auch, diese in der gleichen oder in einer anderen Art und Weise dem Kunden wieder zurückzugeben. Sie können Emotionen nicht nur fühlen, sondern auch sehen, hören und ausdrücken, z.B. durch Körpersprache. Ist Ihre Körpersprache dem Kunden zugewandt? Gehen Sie offen auf ihn zu? Und wie klingt Ihre Stimme? Ist es ein einschläfernder Singsang, den Sie Ihrem Kunden zumuten, oder macht es einfach Freude, Ihrer abwechslungsreichen Stimm-Melodie zuzuhören. Die Stimme kann sehr viele Emotionen ausdrücken. Testen Sie einmal selbst, wie gut Sie darin sind, Emotionen bei anderen wahrzunehmen? Wie wirken Sie auf andere Menschen? Und wie können Sie vielleicht (noch) positiver wirken?

3. Auch ein Kunde hört gerne seinen Namen

Der eigene Name ist für jeden Menschen das wichtigste Wort. Jeder Mensch hört gerne seinen Namen. Umso wichtiger ist es für einen Verkäufer also, den eigenen Namen in einem (Verkaufs-)Gespräch deutlich genug auszusprechen und vor allem den Kunden (öfter) mit seinem Namen anzusprechen. Der Kunde fühlt sich dann wohl und vertrauter. Schaffen Sie also Sicherheit, dass Sie den Namen des Kunden beim ersten Gespräch richtig verstehen. Ist dies nicht der Fall, bitten Sie ihn ruhig, den Namen nochmals zu nennen, ihn gegebenenfalls sogar zu buchstabieren, und schreiben Sie ihn am besten auf. Was meinen Sie wohl, wie Ihr Kunde staunt, wenn Sie ihn beim nächsten Besuch oder auch nur zufälligen Treffen gleich mit Namen begrüßen. Die Kenntnis des Namens hat mit einer gewissen Wertigkeit bzw. Wertschätzung zu tun.

Wenn Sie Schwierigkeiten damit haben, sich Namen zu merken, dann trainieren Sie Ihr Namensgedächtnis. Ein paar Übungen helfen weiter: Machen Sie sich zu jedem Namen ein Bild, schaffen Sie sich einen Bezug, z.B. zu genannten Hobbys oder der familiären Situation, wenn Sie vielleicht darüber gesprochen haben. Oder Sie bauen aus dem Namen eine Eselsbrücke, z.B. Frau Schmaß: Schule macht Spaß.

4. Zuvorkommenheit schafft Nähe

Seien Sie selbst aktiv. Warten Sie nicht, bis der Kunde Sie um etwas bittet – seien es auch nur Kleinigkeiten wie das Erfrischungsgetränk an einem heißen Sommertag oder die Wegbeschreibung bei einem Besuch. Ihr Kunde wird es Ihnen danken, wenn er merkt, dass Sie mit dem Herzen dabei sind und ihm das Leben in vielen Belangen erleichtern wollen. Fragen Sie sich selbst immer wieder: Was kann ich für meinen Kunden tun? Welche Hilfe kann ich ihm anbieten? Schnelles Erkennen von Hilfestellungen ist ideal, um den Kunden für sich zu verpflichten.

Hinzu kommt, dass Sie durch solche Hilfestellungen als Person im Gedächtnis Ihres Kunden hängen bleiben. Nicht das Unternehmen oder das Produkt sind nämlich entscheidend, sondern ganz alleine Sie als Person und Verkäufer. Der Kunde kann schließlich nur zu einer Person so richtig Vertrauen aufbauen. Machen Sie ihm diesen Prozess so leicht wie möglich. Bringen Sie sich selbst ins Spiel und verweisen Sie nicht auf die Institution des Unternehmens oder einer Abteilung. Dies kann z.B. folgendermaßen klingen: „Jetzt nehme ich mich persönlich der Sache an." Oder: „Ich werde mich persönlich darum kümmern." Statt: „Der zuständige Mitarbeiter wird sich bei Ihnen melden." Natürlich müssen Sie, wenn Sie es Ihrem Kunden versprechen, dieses Versprechen auch halten und ihm Feedback geben. Nichts wäre im Zusammenhang mit emotionalen Erfolgsfaktoren ein größeres Missgeschick, als dem Kunden etwas zuzusagen und ihn dann zu enttäuschen. Wenn Sie sich also persönlich anbieten, stehen Sie auch zu diesem Angebot – mit all Ihrer Kraft und all Ihrem Können.

5. Stimmungsfang zum Abschied stärkt die emotionale Kundenbeziehung

Was sagen Sie zum Abschluss oder zur Verabschiedung? „Auf Wiedersehen"? Oder holen Sie sich gleich noch ein (positives) Feedback von Ihrem Kunden mit: „Haben Sie sich in unserem Hause wohl gefühlt?", oder: „Was hat Ihnen an unserem Produkt/ an unserer Präsentation denn besonders zugesagt?" Denn mit derartigen Fragen fordern Sie vom Kunden eine Rückmeldung. Dies bewirkt, dass er sich zum einen nochmals Gedanken über das Gespräch machen muss und er sich zum anderen durch das höchstwahrscheinlich positive Feedback auch positiv stimmt – auf Sie als Verkäufer, auf Ihr Unternehmen und das erstandene Produkt.

Durch Fragen erhalten Sie generell einen direkteren Draht zu Ihrem Kunden. Scheuen Sie sich in diesem Zusammenhang nicht, auch einmal eine persönliche Frage zu stellen. Dadurch erhalten Sie einen noch besseren Draht zu Ihrem Kunden. Bei einer gewissen Vertrauensbasis wird Ihnen der Kunde Stück für Stück Zugang zu seiner Welt gewähren. Und je mehr Sie über Ihren Kunden wissen, umso emotionaler können Sie ihn schließlich ansprechen und bedienen.

Zusammenfassung
Kapitel 3: Verkaufen von Mensch zu Mensch

1. Verkauf ohne Ethik ist nicht denkbar!
2. Verantwortung übernehmen, Ehrlichkeit leben, dann klappt's auch mit dem Kunden!
3. Ziel aller Verkaufsaktivitäten ist die Partnerschaft!
4. Das Wohl des Kunden steht immer im Vordergrund!
5. Vor dem Verdienen kommt das Dienen!
6. Respekt gegenüber dem Kunden ist oberstes Gebot!
7. Spaß schlägt Verkaufsstile – Persönlichkeit und Charisma zählen!
8. Identifikation strahlt von innen nach außen!
9. Gefühle regieren die Welt auch und gerade im Verkauf!
10. Emotionen bauen den direkten Draht zum Kunden auf und aus!

Die drei wichtigsten Punkte für mich:

1.

2.

3.

Mein Umsetzungsplan:

Folgende Ideen werde ich umsetzen:

Noch heute:

Morgen:

In der nächsten Woche:

4 Checkpoint 1: Die Vorverkaufsphase

Natürlich gibt es sie, die erfolgreichen Verkäufer, die sozusagen kalt verkaufen und ohne Akquise und Terminvereinbarung von Tür zu Tür ziehen. Vor allem im Kopierermarkt ist dieses Vorgehen in Industriegebieten gang und gäbe. Doch die Regel ist dies nicht. Meist startet jede Verkaufsaktivität mit einer Vorverkaufsphase. Die Vorverkaufsphase beinhaltet alle Aktivitäten, die nötig sind, um den Kunden zu einem potenziellen Kunden zu machen. Zuerst einmal muss er wissen, dass es das Unternehmen mit seiner Produktpalette gibt. Dafür gibt es verschiedene Möglichkeiten. Eine sehr flächendeckende – jedoch auch kostenintensive – Möglichkeit, ein Produkt vorzustellen, ist die Schaltung von Anzeigen. Je genauer dabei die Zielgruppe definiert wurde, umso genauer kann bei der Auswahl der Medien vorgegangen werden. Auch die Gestaltung der Anzeige, die idealerweise eine Agentur übernimmt, ist dann weit zielgerichteter. Diese punktiertere Form des Marketings wird unterstützt durch eine vorherige Marktanalyse. Segmente möglicher Kunden werden befragt nach Bedürfnissen, Wünschen, Ideen, dem finanziellen Rahmen und auch den persönlichen Vorlieben beim Kauf. Dieses Wissen unterstützt den Verkäufer auch später, beim Verkauf, noch zielgerichteter vorzugehen.

Sind alle diese Punkte geklärt, hat der potenzielle Kunde in seinen branchenspezifischen Zeitschriften oder auch in General-Interest-Medien bereits einmal den Namen des Unternehmens gelesen und er weiß in etwa, was dahinter steht, kann er direkt angesprochen werden. Dazu bietet sich ein, wenn möglich, mehrstufiges Mailing an. Das heißt, der potenzielle Kunde erhält Post vom Unternehmen mit einigen allgemeinen Unterlagen und der Möglichkeit, sich detaillierte Informationen anzufordern. Reagiert er, sind Verkäufer und Kunde schon auf dem gemeinsamen Weg. Reagiert er nicht, folgt vielleicht ein weiterer Brief mit einem ganz besonderen Interessenwecker. Oder geschultes Personal oder ein Call-Center nehmen jetzt direkten Kontakt auf. Ziel ist es dabei, herauszufinden, warum der Kunde bis jetzt nicht reagiert hat und ob es noch was „zu retten“ gibt. Wichtig bei Telefonaten wie auch bei Mailings ist es, dass sich der Kunde angesprochen und nicht belästigt fühlt. Natürlich kann der Erstkontakt auch per eMail erfolgen, wobei hier wirklich geklärt sein sollte, dass eine aktuelle Adresse vorliegt, die regelmäßig angeklickt wird. Anlagen sind im Zeitalter von wahnwitzigen Viren eine heikle Geschichte. Da empfiehlt sich dann doch wieder vorher ein Anruf, der die virtuelle Post ankündigt.

4.1 Vorbereitungszeit verdoppeln

Je intensiver Sie Ihre Verkaufsaktivitäten vorbereiten, umso erfolgreicher sind Sie bei allen nachfolgenden Schritten. Eine effektive Vorbereitung ist und bleibt einer der wichtigsten Erfolgspfeiler im Verkauf. Manche Verkäufer sind nur unterwegs, Termin folgt auf Termin, dazwischen bleibt keine Zeit, nach- oder vorzubereiten. Andere verbringen die meiste Zeit im Büro, vertrauen auf Telefonkontakte. Entweder weil Sie zu bequem (es geht doch auch so!) sind oder weil Sie vielleicht sogar etwas Angst vor dem persönlichen Gespräch haben. Das eine wie das andere ist nicht des Rätsels Lösung. Eine vernünftige Ausgewogenheit ist sicher der effektivste Weg.

Wie viele Kundenbesuche Sie machen sollten oder müssen, kann ich Ihnen nicht beantworten, weil es von Branche zu Branche und von Produkt zu Produkt viel zu große Differenzen gibt. Überlegen Sie einmal selbst, wie viele Kundenbesuche Sie machen. Recherchieren Sie einmal über einen Zeitraum von einem Jahr, wie viele Termine Sie haben, wie viele Kunden Sie auch wirklich antreffen, wie viele Abschlüsse Sie tätigen. Und wie sieht es mit dem Besuchsrhythmus aus? Wie oft besuchen Sie Ihre Key-Kunden? Haben Sie überhaupt eine durchdachte Kundendatei, in der diese nicht nur nach Priorität (der bislang getätigten Umsätze), sondern auch nach Potenzial bewertet sind? Sie merken schon, die Vorbereitungszeit schließt nicht nur die Einstimmung auf einen ganz bestimmten Termin ein, sondern sie beginnt bereits viel früher.

Kundenpotenzial erkennen

Viele Unternehmer und Verkäufer unterteilen Kunden nach A-, B- und C-Kategorie. Mit A-Kunden machen Sie die größten Umsätze; mit B-Kunden erzielen Sie die üblichen Umsätze und C-Kunden kaufen eher sporadisch. Besuchstermine werden meist anhand dieser Einteilung vereinbart, d.h., A-Kunden werden öfter besucht als B-Kunden und C-Kunden werden ebenso – entsprechend deren Kaufinteresse – auch nur sporadisch besucht. Dabei wird jedoch oft ein Aspekt außer Acht gelassen. Nämlich der, dass ein C-Kunde durch welche Ereignisse (Geschäftserweiterung, Aufkauf) auch immer plötzlich zu einem A-Kunden werden kann. Dieses Potenzial gilt es zu erkennen und zu nutzen. Umgekehrt kann ein A-Kunde durch einen persönlichen Wechsel des Ansprechpartners, der mit einem anderen Anbieter „liiert" ist, plötzlich zum B- oder C-Kunden werden.

Überprüfen Sie einmal, wie Ihre Besuchszeit verteilt ist. Vielleicht verstehen Sie sich mit einem C-Kunden so gut, dass Sie immer eine Stunde mit diesem Kaffee trinken und Ihnen diese Zeit dann für einen A-Kunden fehlt. Es gibt nichts dagegen einzuwenden, dass Sie Beziehungen pflegen und auch Kunden mit niedrigerem Umsatz wertschätzen, aber Prioritäten sind in Ihrem Beruf enorm wichtig. Jeder kennt sicher einen Menschen, von dem er sagt: „Wenn er nur etwas weniger plaudern und mehr arbeiten würde, könnte er wesentlich mehr erreichen." Und genau jene klagen dann auch noch immer darüber, dass sie keine Zeit hätten. Entscheiden Sie einfach selbst, wem Sie welche Zeit widmen wollen und können, stehen Sie dazu und suchen Sie sich auch auf Kundenseite ganz bewusst die „Pflänzchen", die eine gute Ernte versprechen.

Branchenkenntnisse sind hilfreich

Nur Ihr Unternehmen und Ihr Produkt, wenn auch bis ins kleinste Detail, zu kennen, wäre zu wenig. Ebenso wichtig ist nämlich die Kenntnis davon, was in der Branche läuft, welche Produkte Ihre Mitbewerber im Markt haben. Ein solches Insiderwissen hilft Ihnen enorm viel weiter. Denken Sie doch einfach nur einmal daran, dass derjenige, dem Sie vielleicht das Produkt verkaufen, dieses innerhalb der Firma sozusagen weiter„verkaufen" muss. Liefern Sie Ihrem Ansprechpartner die notwendigen Argumente (auch und gerade im Vergleich zum Wettbewerb) und Sie machen ihn sozusagen zum Verbündeten.

Werden Sie dabei so konkret wie möglich. Mit allgemeinen Aussagen wie: „Die Qualität der Konkurrenzprodukte hält der unserer Produkte nicht stand" oder: „Der Wettbewerb liegt mit den Preisen weit über unseren" können Sie ganz schnell lächerlich aussehen, wenn der Kunde Ihnen durch ein vorliegendes Angebot schwarz auf weiß das Gegenteil beweist. Konzentrieren Sie sich auf ein konkretes Produkt, ein Beispiel oder noch besser, sofern vorhanden, auf eine neutrale Instanz (Stiftung Warentest, unabhängiges Prüfinstitut o.Ä.).

Gute Branchenkontakte sind noch besser

Pflegen Sie regelmäßig Kontakte zu Kollegen aus Ihrer Branche. Wenn Ihr Unternehmen es erlaubt, halten Sie auch regelmäßig Kontakt zu Kollegen vom Wettbewerb. Durch Ihr persönliches Netzwerk erhalten Sie nämlich oft die wertvollsten Informationen. Fangen Sie früh an, Ihr berufliches Beziehungsnetz auf- oder auszubauen. Mit der Zeit werden Sie die Informationen erhalten, die Sie brauchen, ohne dass Sie großartig fragen müssen. Allerdings setzt es ein sehr gutes Vertrauensverhältnis voraus.

Vom unbekannten Kunden zum Verhandlungspartner

Nichts wäre tödlicher als ein Termin bei einem potenziellen Kunden, von dem Sie als Verkäufer nicht viel mehr wissen, als dass es ihn gibt und dass er Ihr Produkt brauchen könnte – und das auch nur vielleicht. Recherchieren Sie sorgfältig und nutzen Sie alle Möglichkeiten, um so viel wie möglich über Ihren zukünftigen Kunden herauszufinden. Die Homepage kann hier ebenso hilfreich sein, wie ein ausgewählter Begriff in einer Suchmaschine. Vielleicht ist dort sogar etwas über die Person zu finden, mit der Sie Ihren Termin haben.

Die Bedürfnisse des Kunden sind für den Verkäufer Schlüsselinformationen. Sie dienen zum einen als Gesprächseinstieg und zum anderen als Basis für die spätere Argumentation. Erfolgreiche Verkäufer verkaufen deshalb so erfolgreich, weil sie die Bedürfnisse des Kunden analysieren und diese durch das Produkt und dessen Eigenschaften befriedigen. Und außergewöhnlich erfolgreiche Verkäufer gehen sogar noch einen Schritt weiter: Sie denken für den Kunden nach, wo dessen Weg hingehen kann, wo sich für ihn neue Marktpotenziale erschließen könnten und wie die eigenen Produkte dazu benötigt werden.

Konkrete Gesprächsvorbereitung

Über die Bedeutung von Zielen haben wir bereits etwas erfahren. Dass dies auch für den einzelnen Gesprächstermin gilt, möchte ich jetzt nochmals betonen. Nachdem Sie alle Informationen über Ihren potenziellen Kunden eingeholt und sich eingehend damit beschäftigt haben, legen Sie sich eine Strategie zurecht. Wie wollen Sie in das Gespräch einsteigen? Welchen Schwerpunkt setzen Sie im Verkaufsgespräch? Welches Produkt bieten Sie speziell an? Welche Informationen liefern Sie Ihrem Gesprächspartner und welche Form wählen Sie? Welches Ziel verfolgen Sie?

Sie wollen etwas verkaufen. Das ist klar. Bedenken Sie jedoch, dass es Menschen gibt, die einfach beim ersten Mal keinen Abschluss tätigen, was immer auch passiert. Bei einem anderen kann der Abschluss nicht schnell genug vonstatten gehen. Eine gute Vorbereitung gibt Ihnen die Sicherheit, letztendlich im Verkaufsgespräch genug Flexibilität zu haben, um auf den Menschen Ihnen gegenüber und dessen persönliche Eigenheiten einzugehen.

4.2 Wunderwaffe CRM?

CRM wird oft als letzte Wunderwaffe im Kampf um Kunden und Verkaufspotentiale gesehen. Unternehmen statten die Verkäufer mit Computern aus, bezahlen teure Softwareprogramme und lassen die Mitarbeiter damit alleine. Allein gelassen fühlen diese sich dann auch und setzen das ganze System nicht so um, wie es eigentlich sinnvoll und gedacht wäre. Customer Relationship Management ist nur dann erfolgreich, wenn Daten auch wirklich konsequent erhoben und ausgewertet werden.

Das veränderte Kommunikationsverhalten der Kunden verlangt einfach nach einem neuen System. Früher war alles klar geregelt: Immer am ersten Montag im Monat kam der Verkäufer mit seinen neuen Angeboten. Die Bestellung gab er an das Unternehmen weiter, und die Ware wurde zum gewünschten Zeitpunkt geliefert. Jedem Außendienstler stand ein Innendienstler zur Seite, der sich z.B. um die Reklamationen des Kunden kümmerte. Und am nächsten ersten Montag ging das ganze Spiel wieder von vorne los. Heute ist das etwas anders: Auf den unterschiedlichsten Kanälen erhält der Kunde Informationen, entweder passiv durch Mailings, Faxe oder die gute alte Post, oder aktiv, indem er sich selbst im Internet Preise anschaut, auf der Homepage Produkte auswählt. Dazwischen schaut der Außendienstler vorbei und für seine Probleme wendet er sich an seinen Ansprechpartner im Innendienst. Eine neue Serviceabteilung kümmert sich um Reklamationen. Wie sollte ohne eine entsprechende Software-Unterstützung noch ein Überblick möglich sein? Wenn Ihr Kunde allerdings merkt, dass jeder, mit dem er spricht, über ihn Bescheid weiß, d.h., dass alle informiert sind, wie er z.B. sein Frühstücksei gerne isst, warum sollte er dann im Ernstfall wegen ein paar Cent oder Euro zu einem anderen Anbieter wechseln. Nicht umsonst wertet Amazon.de die entsprechenden Vorlieben der Käufer aus und lässt diesen News zukommen, wenn es z.B. in seinem Lieblingsbereich eine Neuerscheinung gibt. Dass jedoch so gewonnene Daten grundsätzlich auch missbräuchlich genutzt werden können, sollte andererseits jeder dabei bedenken. Deswegen ist es sinnvoll, sich die Erlaubnis (Permission) vom Kunden zu holen, bevor er mit Informationen versorgt wird (Permission Marketing).

Ganzheitlicher Ansatz

Customer Relationship Management (CRM) ist ein ganzheitlicher Ansatz zur Optimierung des Vertriebs und des Servicepotenzials. Alle im Unternehmen, die Kundenkontakt haben, u.a. Vertrieb, Service, Kundendienst, Marketing u.a., müssen integriert werden. CRM optimiert auf der Grundlage einer Datenbank und Software alle kundenbezogenen Prozesse. Zielsetzung von CRM ist die gemeinsame Schaffung von

Mehrwerten auf Kundenseite und der Aufbau langfristiger Geschäftsbeziehungen. Erster Schritt ist die Ist-Analyse der bestehenden Verkaufs- und Kommunikationsprozesse. In welchem Zustand befinden sich die Kundendaten? In wie viel verschiedenen Systemen und Datenbanken sind Informationen über die Kunden und Interessenten verteilt? Welche Kontaktpunkte, aktiv oder passiv, zum Kunden gibt es? Sind diese Fragen beantwortet und in das System integriert, folgt der zweite Schritt: Alle Kunden und Interessenten werden nach ihrem Wert für das Unternehmen klassifiziert und auch entsprechend behandelt.

Die gute alte Kundendateikarte auf Papier hat ausgedient. Allerdings nur, wenn auch wirklich alle im Unternehmen in dieses System eingebunden sind und auch gerne damit arbeiten. In Unternehmen wie auch beim einzelnen Verkäufer wird eines immer deutlicher: Die eigene Kundenbasis ist die wichtigste Ressource für Umsatzsteigerung und Unternehmenswachstum. Im CRM wird dies durch folgende Schritte systematisch verfolgt:

Fit für CRM!

Die entscheidende Frage lautet: Wie können sich Verkäufer fit für CRM machen? Viele Unternehmen starten mit CRM als Projekt. Schnell merken sie jedoch, dass Customer Relationship Management umfassender ist als zuerst angenommen, das Projekt wird breiter und komplexer.

Nachfolgende fünf Tipps helfen Verkäufern, das richtige Bewusstsein zu schaffen, wie extrem wichtig es ist, die Kundendatenbank auch gut zu pflegen, nicht nur, weil es das Unternehmen so will, sondern, weil Sie einfach mehr Umsatz dadurch machen und entsprechend erfolgreicher sind.

1. Machen Sie sich klar, dass eine gute Datenqualität nur mit Sorgfalt, Disziplin und Geduld entstehen kann. Auch wenn bei Ihnen immer alles schnell gehen muss, weil Sie selbst sehr aktiv sind. Machen Sie sich einfach bewusst, wie viel schneller es hinterher mit mehr System geht.

2. Bringen Sie sich bereits in der Umstellungsphase mit ein. Sie als Verkäufer haben schließlich den direkten Kundenkontakt. Machen Sie von sich aus Vorschläge, welche Kriterien ausschlaggebend sind, und einigen sie sich gemeinschaftlich auf bestimmte Begriffe, damit hinterher eine genaue Analyse und Auswertung möglich ist.

3. Definieren Sie klare Zugriffsrechte für die Daten. Sicher haben Sie Angst davor, dass Ihre Informationen von einem Kollegen aus einer anderen Geschäftseinheit gele-

sen und missbräuchlich angewendet werden. Diskutieren Sie über Möglichkeiten der Datenabschottung.

4. Übernehmen Sie Verantwortung für einen Teil des Gesamtdatenbestandes, dann haben Sie auch den Bezug dazu. Die Qualität der Daten kann auch ein Kriterium sein, das in Ihre Vergütung einfließt.

5. Beginnen Sie mit dem Motto: Weniger ist mehr. Wenn Sie bereits Angst haben müssen, die nächsten 14 Tage nur noch mit dem Aufbau der Kundendatei beschäftigt zu sein, fangen Sie erst überhaupt nicht an. Starten Sie einfach an einem festgelegten Tag für zwei bis drei Stunden und arbeiten Sie sich dann regelmäßig vor, bis die gesamte Kundendatei auf Vordermann gebracht ist.

Kundenstrategien und Verkaufskonzepte sind häufig, anstatt sich an den Bedürfnissen der Kunden zu orientieren, zu sehr auf die eigenen Umsatzziele ausgerichtet. Richtig eingeführt und gemeinsam getragen, hilft CRM dabei, diese Herausforderung zu lösen, und ist gleichzeitig die beste Vorbereitung, um sich bei Kunden auch wirklich auf das gemeinsame Gespräch zu konzentrieren.

4.3 Von der Zielgruppe zum Kunden

Meine Katze frisst Mäuse – und Sie? So verschieden die Geschmäcker sind, so viele Zielgruppen gibt es auf der Welt. Ihre Aufgabe ist es nun, herauszufinden, welcher Zielgruppe Ihr Produkt oder Ihre Dienstleistung am meisten Nutzen bringen kann und wird. Die Wünsche welcher Zielgruppe können Sie (besser als jeder andere) erfüllen? Eine der wichtigsten Aufgaben für Sie als Verkäufer ist deshalb die Kundenplanung. Diese gliedert sich in drei Bereiche:

a) Analyse der Daten

Welche Informationen benötigen Sie über Ihre Kunden, welche sind bereits vorhanden? Ihr Kundenprofil sollte alle wichtigen Basisinformationen, die Kundenhistorie, seine Entwicklung und Profitabilität, eventuelle kritische Vertriebswege sowie logistische Fakten enthalten.

b) Zielsetzung

Überlegen Sie sich, welche Ziele Sie mit dem Kunden erreichen wollen. Wenn Ziele formuliert werden, muss geprüft werden, ob sie umsetzbar sind. Alle Ihre Ziele sollten deshalb folgende Kriterien erfüllen: Sie sollten konkret und messbar sein. Außerdem sollten sie erreichbar sein für beide Seiten und anspruchsvoll sowie über die bestehenden Leistungen hinausgehen.

c) Strategische Ansatzpunkte

Welcher Weg muss eingeschlagen werden, um die gesetzten Ziele beim Kunden durchsetzen zu können? Verschaffen Sie sich zunächst einen Überblick über alle Aktivitäten des Vertriebs, des Marketings u.a. und planen Sie dann eine Kunden-Erfolgs-Strategie. Prüfen Sie dabei auch, wie realistisch die festgelegten Umsatzziele sind und wie wahrscheinlich der Erfolg eintreten wird. Checken Sie den Investitionsaufwand und den geplanten Return-on-Investment.

Zielgruppenorientierung als Erfolgsfaktor

Wie bereits erwähnt, haben Menschen verschiedene Geschmäcker, sie haben verschiedene Interessen und verschiedene Wünsche. Ergo brauchen Sie auch verschiedene Produkte oder Dienstleistungen. Zielgruppendefinitionen bündeln Interessen, Bedürfnisse und Wünsche, z.B. allein erziehende Väter, oder *genauer* allein erziehende Väter, die zwei Kinder haben, oder *genauer* allein erziehende Väter, die ein Kind unter drei Jahren und ein Schulkind haben, oder *genauer* allein erziehende Väter, die ein Kind unter drei Jahren und ein Schulkind haben und in einer Stadt unter 10.000 Einwohnern zuhause sind ... diese Aufstellung ließe sich beliebig fortführen. Je kleiner die Zielgruppe und je genauer Ihr Angebot auf diese Zielgruppe zugeschnitten ist, umso schneller werden Sie einen Erfolg verzeichnen.

Zielgruppenorientierung soll nicht bedeuten, dass Sie ab einem bestimmten Stichtag nur noch genau Ihre Zielgruppe ansprechen und betreuen, und sobald ein Interessent aus einem anderen Bereich eine Anfrage stellt, diese kategorisch ablehnen. Sie beliefern natürlich jetzt und auch in Zukunft noch verschiedene Zielgruppen, unterschiedliche Branchen und Menschen mit verschiedenen Bedürfnissen. Aber überlegen Sie doch einmal: Welche Bedürfnisse welcher Zielgruppe können Sie mit Ihren Produkten und Ihrer Dienstleistung besser befriedigen als andere? Der beste Problemlöser hat auch die beste Chance, Marktführer zu werden. Und diese Marktführerschaft in einem kleinen Teilbereich ist viel lukrativer, als in einem unüberschaubaren Markt ein Anbieter unter vielen zu sein.

Fokussierung bringt Erfolg

Wenn Sie sich spezialisieren und fokussieren, werden Ihre Kunden bzw. die genau definierte Zielgruppe nicht nur zufrieden, sondern begeistert sein, weil Sie genau das liefern, was sie brauchen. Und noch mehr, denn in der Zusammenarbeit mit einer kleinen Zielgruppe ergeben sich kontinuierlich Verbesserungen. Sie sind damit dem Markt immer einen Schritt voraus, und aus dem Anbieter-Käufer-Verhältnis wird immer mehr eine gegenseitige Partnerschaft.

Fragen Sie sich, welche Kunden Sie wirklich wollen, und gleichen Sie diese mit Ihrem bevorzugten Wachstumsfeld ab und umgekehrt: Welches Spezialgebiet passt zu welcher Zielgruppe? So nähern Sie sich einer ganz genauen Zielgruppendefinition, die durch folgende Unterscheidungskriterien festgelegt sein kann:

- ➜ Alter (Frauen zwischen 20 und 30)
- ➜ Geschlecht (Männer)
- ➜ Interessen (Wanderfreunde)
- ➜ Berufliche Situation (Selbstständige)
- ➜ Familiäre Situation (Singlehaushalte)
- ➜ Branche (Ärzte)
- ➜ Einkommenssituation (Vorstände)
- ➜ Probleme (Mittelständische Unternehmer)
- ➜ Hobbys (Sportler, Läufer)
- ➜ Vereinsmitgliedschaft (Fußballer)

- Bildung (Studium)
- Region (Stadt mit über 100.000 Einwohnern)
- Handicaps (Schwerhörige)
- u.a.m.

Natürlich können Sie, um die Zielgruppe noch genauer zu definieren, auch mehrere Aspekte definieren, z.B. Frauen zwischen 20 und 30 Jahren (Alter), die in einem Singlehaushalt (familiäre Situation) leben und die jeden Tag laufen (Hobbys). Folgende fünf Fragen, die Sie am besten gleich einmal spontan beantworten, helfen Ihnen dabei, Ihre Zielgruppe zu finden und genau zu definieren:

1. Welche Kundengruppen haben Sie zurzeit und mit welchen zwei davon machen Sie die größten Umsätze?

2. Welche Kundengruppen beliefern Sie überhaupt noch nicht, obwohl diese in genau diesem Bereich Bedarf haben? Warum?

3. Aus welcher Kundengruppe kommen immer mehr Anfragen von alleine?

4. Wie würde Ihr idealer Kunde aussehen?

5. Welche Kundengruppe wird zukünftig den höchsten Stellenwert einnehmen?

Verkaufen heißt auch Kunden zu suchen. Mit einer genauen Zielgruppenanalyse sowohl des bestehenden Kundenstamms als auch des möglichen Potenzials geschieht dies wesentlich effektiver. Nur auf gut Glück ein Produkt verkaufen zu wollen, ohne vorher zu wissen, ob es einen Markt und Kunden dafür gibt, wird immer schwieriger werden. Da müsste es sich schon um einen Glückstreffer handeln, wenn z.B. irgendein Produkt durch den Kommentar eines VIPs plötzlich zum Trend wird. Aber darauf werden sich erfolgreiche Verkäufer nicht verlassen. Sie werden vielmehr aktive Zielgruppenanalysen durchführen und auf dieser Basis auch gute Erfolge verzeichnen können.

4.4 Marktanalysen schaffen Klarheit

Über kurz oder lang wird kein Unternehmen und kein Verkäufer um eine Marktanalyse herumkommen. Nach Auswahl der Zielgruppe kann eine Marktanalyse Klarheit darüber bringen, ob diese Zielgruppe auch in ausreichendem Maße vorhanden ist. Denn was nützt Ihnen die schönste Zielgruppendefinition, wenn Sie in ganz Deutschland damit nur 20 Unternehmen oder 37 Personen ansprechen. Etwas Umsatz sollte ja schon machbar sein. Bei einem bestehenden Kundenpotenzial gibt eine Marktanalyse Aufschluss darüber, wo Sie mit Ihrem Produkt oder Ihrer Dienstleistung stehen und wie Sie noch erfolgreicher verkaufen können. Manche Unternehmen nutzen Marktanalysen auch, um Trends aufzuspüren und so rechtzeitig neue Ideen auf den Markt zu bringen. Hier kann auch ein Blick über den eigenen Tellerrand, sprich die eigene Branche, oder ins Ausland hilfreich sein.

Wenn Sie ein Produkt verkaufen, versteht es sich von selbst, dass Sie dieses auch selbst benutzen. Lassen Sie aber immer wieder auch andere dieses Produkt testen. Was sagen sie dazu? Greifen Sie Anregungen auf. Eine ständige Marktbeobachtung bedeutet auch, dass Sie als Verkäufer im Speziellen, aber auch jeder andere, der im Unternehmen mit diesem Produkt zu tun hat, seine Augen offen hält. Entdecken Sie oder jemand anderer eine wesentliche Information, z.B. die Produktneuentwicklung eines Wettbewerbers oder eine wichtige Bestimmung in diesem Zusammenhang, müssen diese Informationen allen anderen auch zur Verfügung gestellt werden.

Informationen sind das A und O

Wissen Sie, wo die aktuellen Informationen Ihrer jetzigen oder zukünftigen Branche/Zielgruppe zu finden sind? Wenn nicht, machen Sie sich schnell auf die Suche! Branchenverbände bieten oft kostenlose Newsletter an. Messen und Hausmessen bilden eine wunderbare Informationsplattform. Fachzeitschriften sollten zu Ihrer Pflichtlektüre zählen. Und Interessensverbände sind immer aufgeschlossen für hilfreiche Hände. Netzwerke und Unternehmerkontakte runden die Möglichkeiten ab, ständig aktuelle Informationen für eine aktuelle Markteinschätzung zu haben.

Marktanalysen sollten sich immer mit drei Bereichen beschäftigen. Stellen Sie sich doch einfach mal folgende Fragen und beantworten diese auch gleich aus dem Bauch heraus:

1. nach dem Produkt/der Dienstleistung

→ Gibt es vergleichbare Produkte/Dienstleistungen? Wenn ja, in welcher Hinsicht sind diese vergleichbar?

2. nach dem Wettbewerb

→ Kennen Sie Ihre Wettbewerber? Wer ist dies?

→ Wie gut kennen Sie Ihre Wettbewerber (Namen, Mitarbeiter- und Umsatzzahlen, Serviceleistungen, Preispolitik)?

→ Kann ein Preiskampf entstehen? Und wie begegnen Sie diesem?

→ Können Sie sich vom Wettbewerb abheben? Wodurch?

3. nach der Zielgruppe (vorhanden und evtl. neu)

→ Wie würden Sie Ihre jetzige Zielgruppe beschreiben?

→ Wie soll sich diese in den nächsten Jahren ändern?

→ Ist Ihre Zielgruppe durch Trends zu beeinflussen und wie wirkt sich dies auf Ihre Produktpolitik aus?

Konsequenz in der Umsetzung

Marktanalysen nur um der Marktanalysen willen durchzuführen, bringt Sie und Ihr Unternehmen nicht voran. Wenn eine Marktanalyse in Auftrag gegeben wird, egal ob dies intern eine Abteilung übernimmt oder ein externer Anbieter beauftragt wird, muss anhand der ermittelten Daten auch eine konsequente Strategie erarbeitet werden. Ohne diese Umsetzung erfolgt kein gefestigter Stand Ihrer Produkte oder Dienstleistungen, geschweige denn Ihres Business.

Natürlich können Sie die Marktanalyse auch dazu nutzen, Ihre bestehenden Kunden zu informieren. Ergänzen Sie die Daten dann durch unabhängige Zahlen, Branchenvergleiche oder Studienergebnisse. Umso höher ist dann auch die Glaubwürdigkeit.

4.5 Messen, Mailings, Anzeigen und Co.

Ein Messeauftritt kostet viel Zeit, Geld und Energie. Die Vorbereitung nimmt meist einige Monate in Anspruch, und die Zeit in einer stickigen Messehalle gehört nicht zu den angenehmsten Aufgaben eines Unternehmers oder Verkäufers. Damit all diese Mühen nicht sinnlos verpuffen, ist es umso wichtiger, den Messeauftritt zum wahren Erfolg zu machen, um dem Messebesucher in positiver und bleibender Erinnerung zu bleiben. Nichts ist peinlicher als ein Messestand, in dem zwei Verkäufer in der Ecke sitzen, Kaffee trinken und mit einem „Hoffentlich-fragt-niemand-etwas-Gesicht“ zwischen einigen lieblos handschriftlich angefertigten und ungeschickt platzierten Plakaten die Zeit bis zur Abendveranstaltung abwarten. Einige Tipps zur gelungenen Messe-Präsentation sind leicht umsetzbar und machen nicht mehr Mühe als ein amateurhafter Auftritt.

Messen sind Verkaufsveranstaltungen und als solche behandelt, werden sie auch zu wahren Erfolgsfaktoren. Selbst wenn ein Messebesucher nicht unmittelbar während der Messe kauft, wird der Messeauftritt vielleicht bei einem späteren Einkauf Entscheidungsträger. Dementsprechend muss sich ein Unternehmen bei einer Messe mit dem gewünschten Effekt verkaufen. Ein insgesamt stimmiges Bild zwischen Produkt, Unternehmensimage, Auftreten der Verkäufer und Aufmachung des Messestandes ist wichtig. Am einfachsten beeinflussbar ist zunächst einmal das Personal am Messestand.

9 Tipps, damit Ihre Messe zum Erfolg wird:
So präsentieren Sie sich von Ihrer besten Seite!

Was gibt es für einen Messebesucher Abschreckenderes, als einen hastig auf ihn zueilenden Verkäufer, der bereits anfängt, sein Produkt zu verkaufen, ohne überhaupt zu wissen, was der Besucher braucht oder welches Ziel er mit dem Messebesuch verfolgt? Wie empfinden Sie es, wenn Sie von oben bis unten gemustert werden, ganz nach dem Motto: „Entscheider oder nicht – lohnt es sich, Beratung anzubieten oder nicht?!“ Oder halten Sie es für angebracht, eine halbe Stunde aufgehalten zu werden, obwohl Sie nur zufällig in der Nähe des Messestandes auf einen Geschäftspartner gewartet haben? Es gibt so viele Fettnäpfchen ... Gehen wir die wichtigsten einmal gemeinsam durch:

1. Die Frage „Kann ich Ihnen helfen?“

Da diese Frage der Kunde kaum beantworten kann, ist sie überflüssig. Schöner ist: „Nach welcher Lösung suchen Sie heute auf dieser Messe?“ Oder: „Haben Sie schon etwas gefunden, das Sie oder Ihr Unternehmen weiterbringt?" Der Vorteil solcher Fragen liegt darin, dass es mehr als nur zwei Antwortmöglichkeiten (Ja/Nein) gibt. Sie kommen mit dem Messebesucher ins Gespräch und erfahren automatisch, was Sie ihm im Laufe des Gesprächs anbieten können. Merken Sie sich dabei seine Wortwahl und wiederholen Sie diese später!

2. Untätiges Abwarten, bis der Messebesucher Ihren Stand betritt

Es ist gut, dem Messebesucher erst einmal Zeit zu geben, sich umzuschauen. Wie viel Zeit er braucht, ist von Person zu Person unterschiedlich. Während der eine erst einmal alle ausgestellten Produkte in die Hand nimmt bzw. die Beschreibungen und Präsentationen der Dienstleistung betrachtet, überfliegt der andere alles nur kurz und wartet dann auf den persönlichen Kontakt. Mit ein bisschen Übung erkennen Sie schnell, wie der Besucher Ihres Standes gestrickt ist, und können so individuell richtig reagieren. Seien Sie aktiv, jedoch keinesfalls aufdringlich!

3. Jedem Messebesucher ein unoriginelles Geschenk mit Werbebotschaft in die Hand drücken

Es ist gut, dem potenziellen Kunden etwas Greifbares an die Hand zu geben. Aber was tut ein erfolgreicher Geschäftsmann mit einem bunten Luftballon oder ein Kind mit einem Kugelschreiber? Die Geschenke sollten originell, nicht billig und auch nach der Messe noch brauchbar sein. Gut ist auch, wenn der Kunde damit Emotionen verbindet, die er sich länger merkt, z.B. ein Gutschein für eine Massage vor Ort – natürlich von geschultem Personal!

4. Ungepflegtes, müdes Auftreten an einem langen Messetag

Menschen haben ein gutes Gespür für ihr Gegenüber. Ob sie es nun bewusst oder unbewusst aufnehmen ist egal, fest steht jedoch: Kunden sprechen lieber mit jemandem, der in ordentlicher, sauberer und vollständiger Business-Kleidung vor ihnen steht als mit einem hungrigen Verkäufer, dem die Füße vom vielen Stehen in den falschen Schuhen weh tun. Sorgen Sie vor und nehmen Sie notfalls Schuhe, Jacke und Hemd zum Wechseln mit. Frisches Obst und Gemüse hält den ganzen Tag geistig und körperlich fit!

5. Der Gedanke „Bringt doch eh nichts ..."

Mit diesem negativen Glaubenssatz, unterstützt von Ziellosigkeit, werden Sie kaum erfolgreich sein. Mit der richtigen Vorbereitung und der richtigen inneren Einstellung, unterstützt von einer Zielvereinbarung, werden Messen jedoch zum richtigen Motivationskick. Diese Erfolge werden Ihnen auch im Berufsalltag weiterhelfen!

6. Mangelnde Umgangsformen

Jeder Verkäufer ist bei Messen mehr denn je gefordert, im richtigen Ton mit den Kunden zu sprechen. Die Kunst des Smalltalks will ebenso beherrscht sein wie das Wissen um Distanz, Themenwahl, Vorstellen, Grüßen und Begrüßen. Anders als sonst im Verkauf hat man bei Messen noch weniger Zeit, einen positiven Eindruck zu hinterlassen. Sie sind deshalb gut beraten, sich im Vorhinein über die aktuell gültigen Umgangsformen, eventuell auch im interkulturellen Bereich, schlau zu machen!

7. Verkäufer missachten kulturelle Gewohnheiten

Der globale Markt und die Öffnung vieler Grenzen führen zu zahlreichen Business-Kontakten mit anderen Ländern. Manchmal kommt es bei Messeverhandlungen und im Umgang miteinander auf Grund der Körpersprache zu Missverständnissen zwischen Angehörigen verschiedener Kulturkreise. Ein einfaches Beispiel ist der Abstand zu einem Gesprächspartner, den ein Mensch als angenehm empfindet. In südlichen Ländern stehen Menschen im Gespräch sehr viel näher zueinander als in anderen Breitengraden. Ein Zurückweichen würde von einem Südländer als Unhöflichkeit empfunden – während eine sehr geringe Distanz bei einem Gespräch mit einem fremden Menschen in unseren Breitengraden als Aufdringlichkeit gilt.

Gleiches gilt für den Händedruck. Wenn Sie in Deutschland Ihr Gegenüber begrüßen und ihm die Hand geben, erwartet er einen festen Händedruck und einen aufrechten Blickkontakt, während ein Franzose zum Beispiel einen etwas weicheren, lockereren Händedruck mit einem etwas kürzeren Blickkontakt erwartet. Die körpersprachliche Wahrnehmung ist in hohem Maße kulturell geprägt. Eine genaue Kenntnis dieser kulturellen Feinheiten hilft, gegenseitige Vorurteile abzubauen und fatale Missverständnisse zu vermeiden. Fehlt nun dieses kulturelle Wissen, dann kann die Beziehungsebene zu einem Kunden oder Messeinteressenten schnell gestört sein. Der Deutsche empfindet den Franzosen als weich, nicht fassbar, nicht vertrauenswürdig, während der Franzose den Deutschen als undiplomatisch, brutal und plump wahrnimmt. Das Ganze geschieht in Bruchteilen von Sekunden, und sofort herrscht Misstrauen auf beiden Seiten.

Wenn Sie als Verkäufer oder Vertriebsleiter heute im internationalen Business Erfolg haben wollen, sollten Sie die kulturellen Eigenheiten Ihrer ausländischen Geschäftspartner kennen und deren nonverbale Kommunikation richtig interpretieren können. Ein wichtiger Aspekt in der nonverbalen Kommunikation, gerade im Umgang mit fremdländischen Kulturen, ist die so genannte Distanz-Zone. Achten Sie darauf, wie viel Nähe ein ausländischer Messebesucher ertragen kann!

8. Der Messestand gleicht einem Chaos

Zwischen leeren Kaffee-Bechern, Bonbon-Papierchen und Organisationsunterlagen liegen Visitenkärtchen, Produktbeispiele und Videokassetten für den mehr oder weniger fertig aufgebauten Videorekorder. No! Bitte präsentieren Sie den Stand wie das Unternehmen! Niemand wird bei Ihnen einen Großposten in Auftrag geben, wenn er Angst haben muss, dass seine Bestellung auf Ihrem Schreibtisch verloren geht und erst kurz nach Liefertermin wieder auftaucht! Planen Sie außerdem Aufbau des Messestandes, welche Medien Sie zur Präsentation benötigen und wie viel Prospektmaterial und Unternehmensbroschüren in etwa gebraucht werden großzügig im Voraus! Sorgen Sie dafür, dass das gesamte Team des Messepersonals auf dem gleichen Informationsstand ist!

9. Nach der Messe ist alles geschafft ...

Keinesfalls! Nach der Messe ist vor der Messe bzw. vor dem Verkauf. Überlegen Sie sich, was bei diesem Messeauftritt nicht sonderlich gut gelaufen ist, wo es gehakt hat und was Sie beim nächsten Mal besser machen können! Knüpfen Sie innerhalb von fünf Tagen bei den Kontakten an, die Sie bei der Messe geschlossen haben. Lassen Sie sich schon zu diesem Zweck möglichst von jedem Gesprächspartner ein Visitenkärtchen geben. Notieren Sie sich auf der Rückseite jedes Kärtchens einen „Aufhänger", den Sie für diesen Kontakt aufgreifen können, z.B. Hobbys, Familie, Urlaub, etc.!

Messen sind ein wunderbares Instrument, um sich bzw. das Unternehmen zu präsentieren. Nutzen Sie es möglichst effektiv, denn mit viel Kreativität und Spaß hat man so wie sonst selten die Möglichkeit, bestehende Kundenkontakte zu pflegen, neue Kontakte zu knüpfen und neue Geschäftspartner für gemeinsame Erfolge kennen zu lernen! Wer offen ist für Neues, gerne auf Menschen zugeht und eine positive Ausstrahlung an den Tag legt, wird damit sicher viel Freude haben!

Zusammenfassung
Kapitel 4: Checkpoint 1: Die Vorverkaufsphase

1. Vorbereitungszeit verdoppeln, Ausführungszeit halbieren!
2. Das Kundenpotenzial gibt Aufschluss über zukünftige Erfolge, Umsatzstatistiken nur über das, was war!
3. Die Bedürfnisse des Kunden sind Schlüsselinformationen für den Verkauf!
4. Je besser die Gesprächsvorbereitung, umso höher die Abschlussquote!
5. CRM hilft, die Herausforderungen der Zukunft zu lösen und sich auf das persönliche Gespräch zu konzentrieren!
6. Eine Zielgruppenanalyse und -ausrichtung ist ein entscheidender Erfolgsfaktor!
7. Spezialisierung und Fokussierung bringen den gewünschten Erfolg!
8. Der Markt sagt, was es gibt und was gefragt ist!
9. Erst die Strategie setzt die Ergebnisse der Marktanalyse um!
10. Die Messe: Mehr als nur sehen und gesehen werden!

Die drei wichtigsten Punkte für mich:

1.

2.

3.

Mein Umsetzungsplan:

Folgende Ideen werde ich umsetzen:

Noch heute:

Morgen:

In der nächsten Woche:

5 Checkpoint 2: Die Kontaktphase

Wo Menschen in Kontakt treten, herrscht immer nach kurzer Zeit Sympathie oder Antipathie. Wenn Sie mit einem Menschen ein Geschäft machen möchten, ist es wichtig, dass Sie ihm sympathisch sind. Achten Sie deshalb von vornherein darauf, wie Sie auf Ihren Kunden zugehen. Normalerweise hat er irgendwann, z.B. im Laufe der Mailing-Aktion darum gebeten, von Ihnen besucht zu werden, und Sie haben mit ihm einen Termin vereinbart. Seien Sie unbedingt pünktlich. Und lässt es beispielsweise der Verkehr nicht zu, dass Sie rechtzeitig am Zielort sind, rufen Sie baldmöglichst an, entschuldigen sich und fragen den Kunden, ob er warten kann oder ob er den Termin verschieben möchte. Wenn Sie Ihrem Kunden dann gegenüberstehen, sollten Sie das ausstrahlen, was er von Ihnen erwartet. Das Outfit spielt dabei eine große Rolle. Wer sich nicht sicher ist im Umgang mit Farben und Schnitten, sucht den Rat einer professionellen Stilberatung auf. Auch Frisur und Figur sollten eine gepflegte Erscheinung zulassen. Ganz wichtig ist die Körpersprache: Sie sollte offen, selbst-bewusst und natürlich wirken. Insgesamt bringt es eine charismatische Erscheinung – höflich mit einem freundlichen Lächeln – bei Kunden am weitesten. Das können Sie am besten vor dem Spiegel trainieren.

Ziel der Kontaktphase ist es, den Kunden an die Neugierphase heranzuführen. Es muss eine Verbindung zunächst von Mensch zu Mensch hergestellt werden und anschließend von Mensch zu Produkt.

5.1 Der charismatische Verkäufer verkauft mehr

Haben Sie Charisma? Wenn ja, dann gehören Sie zu den Menschen, die eine außergewöhnliche Fähigkeit haben, andere Menschen mit ihrem beeindruckenden Wesen auf unerklärliche Weise für sich einzunehmen. Automatisch werden Sie es einfacher haben, Ihr Produkt oder Ihre Dienstleistung an den Mann oder die Frau zu bringen. Wenn nein, dann wird es Zeit, über Ihre Ausstrahlung und Wirkung auf andere nachzudenken. Denn Charisma ist neben einer ruhenden Persönlichkeits-Ressource ebenso eine „Gnadengabe" im Verkauf. Von der persönlichen Ausstrahlung hängt ganz wesentlich Ihr beruflicher und auch privater Erfolg ab.

Die Soziologie spricht von Charisma (griechisch = Gnadengabe) als Form der Herrschaft, die sich durch göttliche Berufung oder unerklärliche außergewöhnliche Begabung des Herrschenden legitimiert. Der bedeutende deutsche Soziologe Max Weber (1864–1920) hat den Begriff Charisma in der Soziologie eingeführt und etabliert. Webers Theorie beschreibt Charisma zum einen als eine spezifisch revolutionäre Macht und zum anderen als stabilisierendes Element alltäglicher Ordnungen.

Was ist Charisma?

Menschen fühlen sich von charismatischen Persönlichkeiten auf unerklärliche Weise angezogen, vertrauen ihnen und lassen sich von ihnen führen. Rational nachvollziehbare Fähigkeiten und Leistungen spielen dabei meist eine untergeordnete Rolle. Aber warum wecken andere Menschen unsere Aufmerksamkeit? Was macht Charisma, diese Aura des Besonderen aus? Oft ist dieser Mensch nicht einmal blendend attraktiv oder außergewöhnlich intelligent. Ist es ein persönlicher Ausdruck? Ist es körperliche Ausstrahlung oder ein hoher Grad an Selbstbewusstsein? Sind charismatische Menschen in Ihrer Unnahbarkeit so interessant? Oder ist es eine innere Balance, die diese ausstrahlen?

Eines steht fest: Charismatische Menschen schätzen sich selbst, mögen das, was sie tun, und tun dies mit einer inneren Begeisterung, die sie auch nach außen ausstrahlen. Vielleicht flutet dieses innere Licht nach außen und umgibt diese Menschen mit einer charismatischen Aura.

Charisma ist nach Auffassung von Psychologen eine Folge von instinktiven Impulsen aus unserem Stammhirn. In der Sozialpsychologie herrscht die Meinung vor, dass ein Mensch jedoch nicht mit Charisma geboren wird. Das heißt, jeder Mensch kann lernen, charismatisch zu wirken. Dafür gilt es, die ruhenden Ressourcen in sich zu erkennen und zu aktivieren. Souveränität ist das Fundament einer gelungenen verbalen und nonverbalen, inter- und intrapersonalen Kommunikation. Erst wenn man diese Souveränität erreicht hat, macht das Erlernen und Trainieren von Kommunikationswerkzeugen und dialektischen Methoden Sinn.

10+1 Tipps, wie Sie als Verkäufer noch charismatischer auftreten können

1. Entwickeln und leben Sie Ihren eigenen Verkäufer-Stil! Wer eine positive Einstellung zu sich selbst hat, wirkt auf andere sympathischer als die billige Kopie einer anderen Person.

2. Seien Sie nach Möglichkeit authentisch! Sicher kann man nicht in allen Lebenslagen sein Inneres nach außen kehren – doch eine Person, die echt ist, ist überzeugender als ein Schauspieler.

3. Strahlen Sie Ruhe und Gelassenheit aus! Nutzen Sie in besonderen Stress-Situationen beispielsweise Atem- oder Entspannungstechniken, um Ihre Nervosität in Grenzen zu halten.

4. Sensibilisieren Sie sich für Ihren internen Dialog. Der Dialog mit sich selbst entscheidet wesentlich über Ihre charismatische Wirkung, ob Sie es wollen oder nicht!

5. Achten Sie auf Ihre Emotionen und analysieren Sie bei unklaren Situationen den Grund, z.B. für ein Störgefühl.

6. Suchen Sie den Kontakt zu anderen Menschen, zu neuen Kunden und verbessern Sie Ihre soziale Kompetenz! Charismatische Verkäuferpersönlichkeiten haben keine Scheu vor der Nähe zu anderen und befinden sich im regen Austausch mit ihrer Umwelt und anderen Personen.

7. Arbeiten Sie an Ihrer Körpersprache! Wenn Ihre nonverbale Kommunikation mit den Inhalten des Gesagten übereinstimmt, können Sie andere noch besser mitreißen. Bevor Sie einen Kunden besuchen, können Sie Ihr Verkaufsgespräch beispielsweise mit einer Videokamera aufnehmen – und auf dieser Basis verbessern.

8. Halten Sie im Verkaufsgespräch Blickkontakt! So signalisieren Sie Selbstbewusstsein und Aufgeschlossenheit.

9. Geben Sie Ihren Kunden das Gefühl, dass sie sich in Ihrer Nähe wohl fühlen können. Charismatische Verkäufer schaffen es, ihre Mitmenschen ein Gefühl von Wärme und Wohlbefinden spüren zu lassen.

10. Sorgen Sie dafür, dass Ihr Outfit Ihre Stärken unterstreicht und zu Ihrer Botschaft passt! Das äußere Erscheinungsbild gehört mit zur nonverbalen Kommunikation. So ist ein indischer Guru mit Bart und Flattergewändern sicherlich überzeugender als mit Kurzhaarfrisur und Nadelstreifen.

11. Trainieren Sie Ihre Verkäuferstimme, um Ihre Präsenz zu verstärken! Die Stimme ist ein wichtiges Instrument für Sie als Verkäufer, um Ihre Kunden zu beraten und zu überzeugen. So werden Sie bei ihnen Begeisterung hervorrufen. Auch an einer hohen, kalten oder schneidenden Stimme können Sie arbeiten – deshalb holen Sie das Beste aus sich heraus!

Fest steht: Menschen mit Charisma werden in der beruflichen Laufbahn bis heute häufig bevorzugt. Sie sind auch im privaten Bereich erfolgreicher. Viele Politiker, Manager, Musiker, Sportler, Schauspieler zum Beispiel können ihre Fähigkeiten im Direktkontakt mit anderen Menschen mit maximalem Effekt einsetzen. Sie gelten als gereifte Persönlichkeiten, die es verstanden haben, ihre (ruhenden) Ressourcen zu fördern und ihre Fähigkeiten in den wichtigsten Kompetenzbereichen der emotionalen Intelligenz zu vervollkommnen.

Sie verkörpern Selbstbewusstsein, Ruhe und Gelassenheit, sprich Selbststeuerung, Lebendigkeit und Motivation, Einfühlungsvermögen und soziale Kompetenz. Das macht sie so sympathisch, anziehend, überzeugend und erfolgreich. Charismatische Menschen wissen in kritischen Situationen mit Blickkontakt und Stimmpräsenz zu arbeiten, kennen ihre Stärken und Schwächen sowie ihre Wirkung auf andere. Sie haben ihren eigenen Stil entwickelt und schöpfen ihre Energie aus einer positiven Einstellung zu sich selbst und zu anderen und besitzen darüber hinaus eine tiefe innere emotionale Gelassenheit.

Kurt Tepperwein sagte einmal „Lächeln ist die eleganteste Art, dem Gegner die Zähne zu zeigen". Mit Charisma haben Sie es als Verkäufer nicht mehr nötig, Ihren Kunden die Zähne zu zeigen, sie werden Ihnen sowieso „aus der Hand fressen". Wir haben Chris Mulzer, einem anerkannten internationalen NLP-Experten und gefragten Referenten, zum Thema „Charisma Enhancement" einige Fragen zu diesem Thema gestellt:

Wer ist für Sie die charismatischste Persönlichkeit des aktuellen Zeitgeschehens?

Chris Mulzer: Vielleicht darf ich erstmal sagen, wo ich Charisma – trotz aller „Imageberaterei" und sonstigem machtpolitischem Kalkül – vermisse: in der Politik nämlich. Daneben, fast im Verborgenen, gehen Personen ihren Weg, die ich ob ihrer Präsenz und Ausstrahlung, ob ihres Charismas schon lange beobachte, von ihnen lerne und sie bewundere. Eine davon ist der Dirigent Kent Nagano, Leiter des Berliner Symphonieorchesters, der, wenn ich die Steigerung „charismatischste" zulasse, das für mich ist.

Was macht das Charisma dieser Person aus?

Chris Mulzer: Seine hervorragendsten Eigenschaften sind seine Entspanntheit im Auftritt vor Publikum, seine Klarheit im Denken, seine Freundlichkeit im Umgang mit Menschen, seine Entschiedenheit im Handeln und sein hoher Anspruch in seiner Arbeit.

Denken Sie, dieses Charisma ist angeboren oder antrainiert?

Chris Mulzer: Sein Charisma ist ganz sicher „antrainiert". Und das bedeutet bei ihm nicht die Teilnahme an vielen Seminaren, sondern die Fokussierung auf den Entwicklungsprozess in seinem Leben. Er hat immer gute Berater und Freunde gehabt, die ihm Feedback gegeben haben, und er hat darauf gehört und sich Gedanken gemacht. Außerdem ist er von einem sehr starken Willen beseelt.

Kann Ihrer Meinung nach jeder Charisma ausstrahlen?

Chris Mulzer: Nach meiner Meinung strahlt jeder Mensch Charisma aus. Viele machen es sich nur sehr schwer, dieses Charisma anderen Menschen zugänglich zu machen. Außerdem bin ich der Meinung, dass die Kultur des freundschaftlichen Feedbacks in unserem Kulturkreis und in unserer Zeit viel zu wenig betrieben wird. Das ist auch der Grund dafür, dass so viele Menschen dieses Defizit so deutlich spüren.

Wirkt antrainiertes Charisma nicht leicht künstlich?

Chris Mulzer: Das kommt nun sehr auf denjenigen an, der diesen Prozess in Gang bringt. Sie kennen doch die Person, von der man weiß, dass sich in ihrem Gesicht etwas verändert hat und man nicht sagen kann, ob sie jetzt beim Schönheitschirurgen war oder nicht ... Mit einem guten Trainer für Charisma ist es ähnlich: Es hat sich etwas zum Positiven verändert, keiner kann jedoch sagen, was der Grund dafür ist. So gestalte ich meine Charisma-Trainings: wie ein erfolgreicher Schönheitschirurg.

Was macht Ihr persönliches Charisma aus? Was würden Sie gerne daran verbessern?

Chris Mulzer: Ich habe vor langer Zeit gelernt, dass es nicht lohnt, sich eine Maske der Erwartung vors Gesicht zu halten, etwas aufrechtzuerhalten, was ich nicht war. Es kostete mich viel Mut, jeder konnte aber danach erkennen, wer ich bin. Und dieses „Ich" ist seitdem viel entspannter und strahlt jenes Charisma aus, das viele Menschen ihr ganzes Leben lang suchen. Darüber hinaus habe ich die Fähigkeit entwickelt, das Leben von der eher lustigen, leichten und angenehmen Seite zu nehmen. Was sagt R.A. Wilson: „Was der Denker denkt, wird der Beweisführer beweisen." Das ist ein Prozess, auf dem ich mich befinde, ein Prozess, der mein ganzes Leben lang andauern wird. Und die Aufgabe, mit der ich mich im Moment beschäftige, ist das Experimentieren mit Emotionen. Im Sinne von Zulassen in mir, und im Sinne des Kommunizierens nach außen.

Gibt es typische charismatische Fähigkeiten, die jeder Verkäufer beherrschen sollte?

Chris Mulzer: Ja, die Ausstrahlung einer kommunikativen Offenheit, die Fokussierung auf die Wahrnehmung des Gegenübers und die entspannte Freundlichkeit – um nur drei Eigenschaften zu nennen, die jeder Verkäufer trainieren kann und die auch jedem Verkäufer gut zu Gesichte stehen.

Kann man durch die Deutung der Ausstrahlung des Kunden zusätzliche Erfolge erzielen?

Chris Mulzer: Das glaube ich weniger. Ich bin der Meinung, dass die Fähigkeit, sich auf sein Gegenüber so einzustellen, dass es verstehen kann, was Sie sagen, weitaus wichtiger ist. Selbstverständlich nutzt Ihnen beim Verkauf an charismatische Personen Ihr eigenes Charisma zum Verständnis des Gegenübers und zum Aufbau eines

„Wir-haben-etwas-gemeinsam"-Gefühls. Und dies kann als Plattform für ein konstruktives Verkaufsgespräch durchaus umsatzfördernd wirken.

Gibt es Ihrer Meinung nach verschiedene Charisma-Typen, die als Kunde alle unterschiedlich angesprochen werden wollen?

Chris Mulzer: Es gibt so viele Charisma-Typen, wie es Menschen gibt. Und es gibt Grundaspekte, Modulbausteine des Charismas, die unterschiedlich angesprochen werden wollen und die unterschiedliche Reaktionen auslösen. Zum Training von Charisma und zur Vereinfachung des Verständnisses über so ein komplexes Thema wie Charisma habe ich Charisma in Module gegliedert. Ein Beispiel ist die Fähigkeit zum Sprechen in der Öffentlichkeit, ein anderes ist die Fähigkeit, mit seiner Energie intern und extern umzugehen, ein weiteres ist die Fähigkeit, seine eigene und die Stimmung des Gegenübers in einer gewünschten Weise zu beeinflussen. Alle diese Typologisierungen spielen eine große Rolle beim Kundengespräch. Und alle diese Typen wollen und sollen unterschiedlich angesprochen werden.

5.2 Outfit: Wie du kommst gegangen ...

Umgangsformen und Stil waren schon immer eng mit Erfolg verbunden. Wer heute Karriere machen oder herausragenden Erfolg im Verkauf haben will, kommt nicht umhin, sich mit seinem Outfit und seinem Verhalten auseinander zu setzen. Auch, wenn so manche Regel des „alten Knigge" ausgedient hat, hat es Vorteile, gewisse Regeln im Umgang miteinander zu beachten.

Wir Menschen schätzen andere Menschen recht schnell ein, ob diese Einschätzung positiv oder negativ ausfällt, hängt oftmals vom Erscheinungsbild ab. Wie anders sollte es funktionieren? Sie können einen Gesprächspartner in der Kürze der Zeit ja auch gar nicht so schnell besser kennen lernen. Also verlassen Sie sich – zunächst einmal – auf die Optik. Dagegen ist gar nichts einzuwenden, vorausgesetzt, Sie bleiben auch nachträglich noch offen für den Charakter Ihres Gegenübers.

Als Verkäufer müssen Sie sich über eines im Klaren sein: „So wie du kommst gegangen, so wirst du auch empfangen." Mit Ihrer Kleidung und Ihrem gesamten Erscheinungsbild sprechen Sie schließlich auch Ihrem Gegenüber eine Wertschätzung aus. Schließlich haben Sie sich für ihn ansehnlich gemacht. Wenn Sie zu einem ersten Rendezvous gehen, suchen Sie Ihre Kleidung ja auch sehr sorgfältig aus und überlegen, ob Sie dieses oder jenes anziehen (und das gilt nicht mehr nur für Frauen!). Und in die Oper gehen Sie ja auch nicht mit der ältesten Jeans. Strenge Regeln sind in modernen Zeiten längst passé. Stattdessen gilt es, sich den Erwartungen des Umfelds anzupassen. Natürlich sprechen wir hier vom geschäftlichen und gesellschaftlichen Umfeld. Die nächste Party ist ein anderer Schauplatz, auf dem auch wieder andere – lockerere – Regeln gelten.

Sind Sie im geschäftlichen Umfeld (zu) schlecht oder einfach unpassend gekleidet, kann dies dazu führen, dass Sie überhaupt keine Chance erhalten, zu zeigen, was Sie können. Umgekehrt haben oft Menschen, die fachlich weniger versiert sind, durch ein angemessenes und gepflegtes Erscheinungsbild die Möglichkeit zur Präsentation und zum Abschluss. Durch Ihr Erscheinungsbild drücken Sie auch aus, wie wichtig Sie sich selbst sind. Und nur, wer mit sich selbst gut umgeht, behandelt auch andere Menschen gut.

Die Verpackung macht das Produkt

Wenn Sie als Verkäufer ein Produkt vertreiben, dann wissen Sie, dass sich jedes Produkt in einer ansprechenden Verpackung leichter und besser verkauft. Überprüfen Sie

Ihre Verpackung doch einfach von Zeit zu Zeit einmal etwas intensiver. Schließlich gibt es auch bei Verpackungen oder z.B. Illustrierten immer wieder mal einen Relaunch. Seien Sie kritisch mit sich und Ihrem Auftreten, und wenn Sie sich nicht so ganz sicher sind, ziehen Sie eine Person Ihres Vertrauens hinzu. Was möchten Sie Ihren Mitmenschen gegenüber zum Ausdruck bringen? Wollen Sie der seriöse Finanzberater sein, der kreative Marketing-Experte (der übrigens auch in Sachen Kleidung etwas kreativer sein darf) oder der Exot unter den Verkäufern, der das, was er verkauft, auch lebt (z.B. im Fitnessbereich)? Finden Sie Ihren eigenen Stil und variieren Sie dann nur in Kleinigkeiten – so sind Sie immer authentisch und glaubwürdig. Wenn Sie sich beim Blick in Ihr Spiegelbild wohl fühlen, werden Sie nicht nur glücklicher, sondern langfristig durch ein selbstbewusstes Auftreten auch erfolgreicher sein.

Mit Hilfe der richtigen Kleidung können Sie Stärken betonen und körperliche Mängel kaschieren. Wenn Sie sich nicht sicher sind, lassen Sie sich einmal beraten. Eine Farb- und Stilberatung ist gut investiertes Geld, weil Sie mit dieser Grundlage eine viel bessere Auswahl beim Kleidungskauf treffen. Sie werden nicht länger Kleidungsstücke im Schrank hängen haben, die Sie spontan gekauft haben, die aber eigentlich so gar nicht zu Ihrer übrigen Garderobe passen.

Für Businesskleidung gelten eigene Regeln

Für die Businesskleidung ist es wichtig, dass diese gut aufeinander abgestimmt ist, damit Sie viele Variationsmöglichkeiten haben. Ton in Ton schaut immer edel aus und lenkt nicht von Ihrer Persönlichkeit ab, sondern unterstreicht diese. Vorausgesetzt, Sie haben den richtigen Farbton. Aber den können Sie nach einer Farb- und Stilberatung durch eine Farbpalette schnell bestimmen. Für den Mann ist es der Anzug (evtl. mit Weste), ein helles Hemd und eine dezent gemusterte Krawatte – für die Frau ein Kostüm oder ein Hosenanzug, ebenfalls mit heller Bluse. Die Socken beim Mann sind immer einen Ton dunkler als der Hosensaum, die Strumpfhose oder Strümpfe (ohne ist im Business absolut tabu) bei der Frau von Top-Qualität. Gleiches gilt für die Schuhe. Wenn Sie denken, hier sparen zu können, passiert das genaue Gegenteil. Falsche oder billige Schuhe zerstören das ansonsten mühsam zusammengestellte Gesamtbild. Gerade in Kleinigkeiten zeigt sich die stilistische Sicherheit. Auch in der Schmuckfrage: dezent und edel sollte der Schmuck sein. Wenn Sie wie ein Weihnachtsbaum behängt sind, müssen Sie sich nicht wundern, dass Sie keiner als Gesprächspartner ernst nimmt.

Stimmigkeit ist das A und O jeder Outfit-Frage. Geben Sie Ihrem Gesprächspartner ein stimmiges Bild. Alles andere lenkt nur vom Inhalt des Gespräches ab. Stellen Sie sich nur einmal vor, wie sich Ihre Kunden wundern, wenn Sie jedes Mal mit einem anderen Faschings-Kostüm auftauchen. Wie soll Ihr Kunde sich denn auf Ihre Präsentation konzentrieren? Vor lauter Farben und Formen verschwimmt sein Blick und seine ganze Konzentration muss er darauf verwenden, sich von diesem Anblick loszureißen.

Höflichkeit kommt weiter

Unabhängig von allen Regeln der modernen Umgangsformen hat sich eines bewahrheitet: Höflichkeit kommt weiter. In unserer immer hektischer werdenden Zeit meinen viele Verkäufer, auch keine Zeit mehr für Höflichkeit zu haben. Schnell zum Kunden, der ja vermeintlich auch keine Zeit hat, schnell zum Abschluss kommen und schnell wieder weg. Da bleibt die Höflichkeit oft außen vor. Dabei ist ein nettes Wort zur rechten Zeit oft der einzige Schritt aufeinander zu, wenn Menschen so in ihrem Laufrad stecken.

Höflichkeit signalisiert Ihrem Gesprächspartner, dass Sie ihn respektieren. Und das gilt nicht nur einzig und allein für Ihren Gesprächspartner. Stellen Sie sich einmal folgende Situation vor: Ein Verkäufer besucht ein Unternehmen. Schon am Empfang fällt nicht einmal ein „Guten Morgen" oder „Guten Tag", kurz angebunden und im Stress, weil er ja sowieso schon fünf Minuten zu spät zum Termin kommt, herrscht er den Mann am Empfang an: „Wo finde ich Herrn Schulze? Und schnell, ich habe jetzt Termin mit ihm!" Kein Lächeln – und kein Bitte oder Danke kommt ihm über die Lippen. Nachdem er erfahren hat, in welchem Stockwerk und Büro er Herrn Schulze findet, sucht er mit einem gehetzten Gesichtsausdruck den Weg. Auf diesem stolpert er fast über einen Putzwagen, woraufhin er erbost ausstößt: „Können Sie nicht aufpassen, wo Sie Ihren Wagen hinstellen!" Ein Stockwerk höher prallt er auf dem Gang mit einem Mann zusammen, und auch dort können wir wieder hören: „Können Sie denn nicht aufpassen!" Auf seinem Weg würdigt er keinen Menschen eines Blickes, ganz im Gegenteil: Jeder wundert sich nur über diesen sich offensichtlich in Eile befindlichen Zeitgenossen. Im Aufzug trommelt er nervös vor sich hin und nörgelt über die Menschen, die offensichtlich nicht schnell genug ein- und aussteigen. Endlich ist er an der richtigen Tür angelangt, auf dem Schild steht: Martin Schulze. Als er eintritt, ist er doch etwas erstaunt: Am Schreibtisch sitzt ein Mann, den er heute schon zweimal gesehen hat: Zuerst hinter dem Empfang und dann auch noch der Zusammenstoß im Gang ...

Herzlichkeit zählt

Sie werden jetzt vielleicht sagen: Aber so etwas gibt es doch gar nicht. Und Sie haben Recht! Ich habe maßlos übertrieben. Wenn auch nicht direkt aneinander gereiht, so treffen wir doch immer wieder auf Zeitgenossen, die meinen, sie müssten nur ihresgleichen Respekt entgegenbringen. Empfangsdame oder Putzkolonne – das sind doch

Menschen zweiter Klasse. Und wenn Sie dann zu Ihrem – ebenbürtigen – Gesprächspartner kommen, „strotzen“ Sie nur so vor Höflichkeit. Wirklich erfolgreiche Menschen haben es nicht nötig, Unterschiede zu machen. Deren Höflichkeit ist so tief verwurzelt, dass Sie gar nicht anders können, als alle Menschen gleich respektvoll zu behandeln. Dies ist auch ein Zeichen von Souveränität, Rücksichtnahme und Toleranz.

Alles in allem ist es zwar lobenswert, wenn ein Verkäufer alle Regeln der Etikette kennt, was letztendlich jedoch zählt, sind das Einfühlungsvermögen und die Herzlichkeit im Umgang miteinander.

5.3 Auch der Körper spricht Bände

Verkauf findet nicht nur über Worte statt. Auch wenn die verbale Kommunikation ein entscheidendes Instrument im Verkaufsprozess ist, so stehen ihr Gestik, Mimik und die gesamte Körpersprache an Wichtigkeit in nichts nach. Der Verkäufer muss in der Lage sein, die Körpersprache sowohl bei sich selbst aktiv zu steuern als auch wichtige Merkmale auf der Kundenseite wahrzunehmen.

Ein Gespräch ohne Gestik ist kaum vorstellbar, und ohne Mimik wirkt jedes Gesicht kalt und leer. Da wir gelernt haben, wie wichtig Emotionen im Verkauf sind, ist ein derart emotionsloses Geschehen einer partnerschaftlichen Kommunikation sicher nicht zuträglich. Umgekehrt lässt sich nur durch eine ausgeprägte Körpersprache, Mimik und Gestik, ohne auch nur ein einziges Wort zu sprechen, sehr viel ausdrücken. Denken Sie doch nur einmal an Pantomimen oder die Stummfilme früherer Zeiten. Erinnern Sie sich an Charly Chaplin, der jede Stimmung nur mit seinem Gesicht darstellen konnte. Dabei spielten die Augen eine entscheidende Rolle.

Sagen Sie es durch die Augen

An Ihren Augen kann der Kunde erkennen, ob Sie ihm die Wahrheit sagen oder nicht. Ihre Augen strahlen, wenn Sie voller Begeisterung von Ihrem Produkt sprechen. Und umgekehrt verraten es auch Ihre Augen, wenn Sie von dem, was Sie sagen, nicht überzeugt sind. Es fällt Ihnen schwer, dem Kunden in die Augen zu blicken, Ihr Blick schweift ab und wandert unruhig im Raum hin und her. Umgekehrt können natürlich auch Sie bei Ihrem Kunden sehr viel an dessen Augen ablesen, z.B. ob er Ihnen aufmerksam zuhört oder ebenfalls durch äußere Umstände oder innere Gedanken abgelenkt ist. Auch dann werden seine Augen unruhig abschweifen.

Wenn Sie Schwierigkeiten haben, anderen Menschen in die Augen zu blicken, sollten Sie daran arbeiten. Das heißt natürlich nicht, dass es Ziel ist, den Gesprächspartner zu fixieren. Es sollte vielmehr ein offener Blickkontakt herrschen, der zeigt, dass Sie als Verkäufer nichts zu verbergen haben, dass Sie hinter dem stehen, was Sie tun. Auch Sympathie oder Antipathie entsteht oft durch den Kontakt der Augen. Angst, Ablehnung, Freude und Unbefangenheit – all dies können Augen ausstrahlen und verraten dabei, ohne ein gesprochenes Wort, was im Innern des Gegenübers vorgeht. Achten Sie einfach darauf und trainieren Sie das Gespür für jeden Augenblick.

Natürliche Gestik verbindet

So, wie Sie kein Pantomime oder Stummfilmschauspieler mit schon fast übertriebener Mimik werden sollen, hat es auch keinen Sinn, sich die Gestik eines Opernsängers anzutrainieren. Gestik sollte möglichst natürlich das Gesagte unterstreichen und nicht dieses überdecken. Gehen Sie also im richtigen Maße damit um, sonst wirkt es leicht aufgesetzt. Allerdings hatten wir ja bereits anfangs schon betont, dass ein Verkaufsgespräch oder noch schlimmer, eine Präsentation ohne entsprechende Gestik unmotiviert und starr wirkt.

Ihre Gestik soll auf jeden Fall zu Ihrer Persönlichkeit passen. Übertriebene Theatralik wirkt bei einem etwas zurückhaltenden Verkäufer einfach nur lächerlich!

Die Gestik Ihres Kunden sollten Sie allerdings auch nicht überbewerten. Immer wieder gern genommen wird das Beispiel mit den vor dem Körper verschränkten Armen, was angeblich Abwehr ausdrücken soll. Vielleicht ist dem Kunden aber auch nur kühl oder er sitzt gerade so bequem und entspannt da. Eine Geste alleine erlaubt noch kein sicheres Urteil. Ob Körpersprache, Gestik oder Mimik – das Gesamtbild und der Gesamteindruck sind entscheidend.

Die Körpersprache hilft, Vertrauen zu schaffen

Soweit die Form der Kommunikation es zulässt, ist es wichtig für die Gesprächspartner, eine stimmige Körpersprache zu zeigen bzw. zu sehen. Wenn Sie als Verkäufer von Ihren Produkten sprechen und mit hängenden Schultern dastehen, die Hände in den Hosentaschen vergraben, hat der Kunde das Gefühl: „Der kann einfach nicht die Wahrheit sagen. Warum soll ich ausgerechnet dieses Produkt kaufen, wenn er selbst schon nicht davon überzeugt ist?“ Wie soll man so einem Gesprächspartner vertrauen? Vertrauen ist jedoch die Basis für jede Form von gewinnbringender Kommunikation in Verkaufsgesprächen. Sowohl in geschäftlichen als auch in privaten Beziehungen, wie der Partnerschaft, ist es wichtig, das Gegenüber nicht zu enttäuschen. Solange ein Mensch nicht enttäuscht wird, vertraut er auf seinen ersten Eindruck, wenn dieser stimmig ist. Wird ihm der erste Eindruck durch eine unstimmige Körpersprache genommen, ist das Vertrauen weg.

Wir befinden uns im Medien- und im Informationszeitalter. Um zu kommunizieren, brauchen wir Informationen. Einerseits bedingen sich Information und Kommunikation, andererseits wird es uns allen erschwert, uns im Angesicht der stetig wachsenden Flut an Informationen auf das Wesentliche zu konzentrieren und durch produktive Kommunikation erfolgreich zu kooperieren. Deswegen müssen wir lernen, neben Know-how über Rhetorik und Dialektik und einer Portion Erfahrung uns auch wieder auf unsere Gefühle im menschlichen Miteinander zu verlassen. Es zählen nicht mehr nur Daten und Fakten, jeder muss heute sehen, dass er dem menschlichen Aspekt auch oder gerade im Business wieder gerecht wird – für mehr menschliche Erfolge!

5.4 Kommunikation als Top-Erfolgsfaktor

Das Medienzeitalter lebt davon und der Erfolg eines Verkäufers und eines Unternehmens hängen davon ab: *Kommunikation.* Wer mit anderen Menschen, anderen Unternehmen oder gar ganzen Nationen in Kontakt steht, auf irgendeine Art mit seinem Gegenüber kooperieren will, muss mit ihm kommunizieren. Die Art der Kommunikation entscheidet über die Art der Wahrnehmung des anderen und damit über den gemeinsamen Erfolg oder Misserfolg. Nur wer sich dessen bewusst ist, wird langfristig Kooperationen führen und Kommunikation als einen der Top-Erfolgsfaktoren im privaten und beruflichen Miteinander nutzen können.

Quantität geht auf Kosten der Qualität

Mitten im Zeitalter der Kommunikation zeigt sich, dass Menschen verlernen, wirklich miteinander zu kommunizieren. Zwar ermöglicht die moderne Technik immer mehr und immer schneller zu kommunizieren, doch wirkt gerade diese Kommunikationstechnik eher kontraproduktiv. Unsere Zeitgenossen machen es sich einfach: Da wird eine SMS oder eine eMail geschrieben – je kürzer, desto besser –, und in Sekundenschnelle ist die Antwort da. Aber keiner nimmt sich die Zeit, darüber nachzudenken, ob die gewählten Worte auch die richtigen sind und wie sie beim Gegenüber ankommen. Kein Wunder, dass es dann immer wieder zu Missverständnissen und Konflikten kommt. Die Quantität und die Schnelligkeit der Kommunikation gehen eindeutig auf Kosten ihrer Qualität. Die Menschen drücken sich in einer immer reduzierteren Sprache aus, sie benutzen immer weniger Wörter und kommunizieren auf einem ziemlich primitiven Niveau. Von Gesprächsvirtuosen kann da keine Rede sein – eher von sprachlichen Analphabeten.

Nicht nur das Reden, sondern auch das Zuhören will gelernt sein. Heutzutage werden wir so sehr mit Informationen überflutet, dass es uns schwer fällt, auf jemanden einzugehen. Während wir zuhören, sind wir oft schon mit der Formulierung der Antwort beschäftigt oder mit dem nächsten Gedanken, dem nächsten Tagesordnungspunkt, dem nächsten Termin. Wir unterbrechen den anderen sogar, um unsere eigene Geschichte loszuwerden. In einer Zeit, in der alles immer hektischer wird, fehlt es vielen Menschen an der Geduld, um einmal zu schweigen und dem anderen seine volle Aufmerksamkeit zu widmen. Das ist jedoch etwas, was wir wieder lernen müssen. Denn wer seinem Gegenüber geduldig und einfühlsam bis zum Schluss zuhört, kommuniziert vom Feinsten, ohne ein Wort zu sagen.

In der Politik z.B. ist echte Kommunikation leider gar nicht möglich. Es geht den Politikern doch nur um den Sieg. Sie wollen Eindruck schinden, sich als die Stärksten und Besten präsentieren. Durch die Medien ist das verstärkt worden, denn die Medien leben von solcher Effekthascherei – eine Welt des Scheins. Die Debatten, Diskussionen und Talkshows, die wir täglich auf dem Bildschirm sehen, taugen also eher als Negativbeispiel für erfolgreiche Kommunikation im Verkauf. Dort dreht sich alles um rein egoistisches Nutzendenken: Jeder will Recht haben und den verbalen Sieg davontragen, während der Gesprächspartner zum Verlierer wird. Bei einer solchen Kampfrhetorik ist die Gefahr groß, dass Kommunikation scheitert.

Im Verkauf ist die Perspektive des Gegenübers entscheidend

Natürlich spielen die Rechthaberei und der Wille, sich um jeden Preis durchzusetzen, in der heutigen Arbeitswelt auch eine große Rolle. Wer Erfolg will, muss sich bei jeder Gelegenheit so gut wie möglich verkaufen. Allerdings sollte man bedenken, dass positive Kommunikation im Verkauf nur dann möglich ist, wenn wir vom ‚Ich' zum ‚Wir' kommen, denn Kommunikation funktioniert nur mit anderen Menschen. Wer im Verkaufsgespräch die Perspektive des Gegenübers einnehmen kann, hat gute Aussichten auf Verkaufserfolg. Deshalb wäre es in der Berufswelt an der Zeit, über eine neue Form der Kommunikation nachzudenken – und zwar eine, die für beide Seiten gewinnbringend ist. Dabei ist die wichtigste Frage nicht: „Wie kann ich Recht behalten und meinen Nutzen durchsetzen", sondern: „Wie kann ich den anderen in meinem kommunikativen Handeln wahrnehmen und auf seine Interessen eingehen." Leider wird diese Beziehungsebene der Kommunikation in der Geschäftswelt immer noch kläglich vernachlässigt.

Dabei ist gerade die Kommunikationskompetenz eine der wichtigsten Schlüsselqualifikationen bei der Besetzung von Verkaufspositionen. Doch in der Praxis werden die meisten Vertriebsmitarbeiter – vor allem im Außendienst – eher aufgrund ihrer Fachqualifikation eingestellt und nicht, weil sie die Kunst der Kommunikation beherrschen. Wenn sie jedoch dann beim Kunden sitzen, müssen sie feststellen, dass es dort auf genau das ankommt, was sie nicht so recht beherrschen – nämlich auf die so genannten weichen Faktoren: auf Kommunikationskompetenz und Beziehungsmanagement. In unseren Vertriebscoachings haben wir festgestellt, dass neun von zehn Verkäufern in schwierigen Kundensituationen in Panik geraten und sofort in verbale Abwehrhaltung gehen, weil sie sich überfordert fühlen. Diese Verkäufer umgeben sich mit einem kommunikativen Panzer, weil sie Angst vor offenen Gesprächen haben. Dazu fehlt ihnen die Souveränität, die Top-Verkäufer kennzeichnet. Ohne Souveränität gibt es keine Sales Excellence.

Die Welt der Gefühle

Wenn es den Verkäufern nicht an Selbstbewusstsein mangelt, dann fehlen ihnen oft der Wille und die Bereitschaft, den anderen zu verstehen und genau zuzuhören, was der andere will. Viele glauben auch, sie hätten keine Zeit, sich in die Welt des Gegenübers einzufühlen. Doch in Wirklichkeit geht es gar nicht um Zeit, sondern darum, dass die Welt der Gefühle im Verkauf allzu oft tabu ist. Man vermeidet die Beziehungsebene der Kommunikation, weil man möglichst wenig von sich preisgeben möchte. Aber Kommunikation hat eben sehr viel mit Gefühlen und Beziehungen zu tun. Die Inhalte spielen bei Verkaufsgesprächen vielleicht zu 7 Prozent eine Rolle, die anderen 93 Prozent entfallen auf Emotionen, wie eine amerikanische Studie belegt.

Das Klima in Unternehmen ist rauer denn je. Mobbing, Intrigen und verbale Angriffe gehören zum beruflichen Alltag – ein Kommunikationskrieg, in dem die Gefühle oft als Erste auf der Strecke bleiben! Verkäufer und Kunden sollten sich darüber im Klaren sein, dass es in einem Kommunikationskrieg immer Opfer und Verluste gibt. Wäre es da nicht prinzipiell sinnvoller und gewinnbringender, Frieden zu schließen? Wer die Gefühle des anderen achtet, wer also ein gutes Beziehungsmanagement pflegt, der kann auch produktiver arbeiten. Überall, wo Menschen gut miteinander reden können, wird ein enormes Potenzial an Top-Performance freigesetzt. Wenn Verkäufer und Kunden die faire Kommunikation in ihren Gesprächen fördern würden, könnten sich für Verkäufer viele neue Verkaufschancen erschließen und für Kunden bisher ungeahnte Perspektiven entstehen.

Wir hätten also erfolgreichere Unternehmen und mehr Innovationen, wenn beide einfach nur besser miteinander reden würden. Das setzt jedoch einen Kulturwandel voraus: hin zu einer offenen Lebenseinstellung und zu einer Kultur der Ehrlichkeit und des Vertrauens. Wer seinen Gesprächspartner latent als Feind betrachtet, wird dessen Vorschläge und Ideen abwürgen, und alles bleibt beim Alten. Wer aber fair und offen mit dem anderen kommuniziert, führt keine fruchtlosen Wortgefechte, sondern erfolgreiche Spitzenverkaufsgespräche. Jeder, mit dem wir kommunizieren, ist ein potenzieller Coach – ein Freund, der uns hilft, das Neue zu entdecken und Dinge zu bewegen. Deshalb ist jedes gelungene Verkaufsgespräch eine Bereicherung für alle, die sich daran beteiligen. Wenn Kunde und Verkäufer wieder lernen, den Reichtum des Wortes zu schätzen und die Macht der Sprache mit Bedacht zu nutzen, dann werden viele Geschäfte besser laufen.

Erfolgsrhetorik und emotionale Wirkung

Worte haben immer eine emotionale Wirkung. Die Frage ist nur, ob diese Wirkung positiv oder negativ ist. Umso wichtiger ist die Kommunikation mit Kunden. Und umso entscheidender ist die Wortwahl. Begrüßen Sie Ihren Kunden auch schon mal mit den Worten: „Passen Sie mal auf ...", oder finden Sie es nicht auch besser zu sagen: „Jetzt kommt eine wichtige Information für Sie: ..."? Statt „Haben Sie mich verstanden?", klingt es doch wesentlich kundenorientierter zu sagen: „Haben Sie noch zusätzliche Fragen?" Stellen wir weitere Aussagen, die eher negativ klingen, einer positiven und serviceorientierten Ausdrucksform gegenüber:

Misserfolgsrhetorik: „Das haben Sie falsch verstanden!"
Erfolgsrhetorik: „Da habe ich mich wahrscheinlich nicht richtig ausgedrückt."

Misserfolgsrhetorik: „Sie wollen doch nicht sagen, dass ..."
Erfolgsrhetorik: „Lassen Sie uns die Frage überdenken."

Misserfolgsrhetorik: „Wie schon gesagt: ...!"
Besser: „Ich fasse (noch einmal) zusammen: ..."

Misserfolgsrhetorik: „Überlegen Sie doch mal!"
Erfolgsrhetorik: „Betrachten wir die Frage gemeinsam."

Misserfolgsrhetorik: „Sie müssen bedenken, dass ..."
Erfolgsrhetorik: „Haben Sie schon folgendes bedacht? ..."

Misserfolgsrhetorik: „Das hätten Sie mir eher sagen müssen!"
Erfolgsrhetorik: „Diese Voraussetzungen waren mir bisher nicht bekannt."

Und gerade, wenn es um das Thema Service geht:
Misserfolgsrhetorik: „Das kommt schon mal vor."
Erfolgsrhetorik: „Das ist ein Einzelfall, der zu Ihrer Zufriedenheit gelöst wird."

Achtet ein Verkäufer auf die emotionale Wirkung der Erfolgsrhetorik, so erkennen Kunden an derartigen Aussagen, wenn auch oft nur unbewusst, dass ihr Ansprechpartner hinter seinem Produkt, seinem Unternehmen und seinen Leistungen steht. Außerdem haben sie auf diese Weise viel eher das Gefühl, dass der Verkäufer ein partnerschaftliches Miteinander anstrebt.

Jede Kommunikation, welcher Art auch immer, löst Emotionen aus. Diese Emotionen sind meist vorher absehbar. Wer sich selbst auf andere Menschen, deren Gefühle und Empfindungen einstellt, ist sensibilisiert und wird diese nicht nur wahrnehmen, sondern auch deuten können. Kommunikation geht in die Tiefe und spricht die Kommunizierenden immer auf mehreren Kanälen an. Ein plastisches Beispiel (nach Schulz von Thun), das diese vier Kanäle darstellt:

Mann und Frau fahren gemeinsam im Auto. Die Frau fährt. Fünfzig Meter vor der Ampel, die Grün zeigt, sagt der Mann: „Die Ampel da vorne ist grün!" Was kommt bei der Frau an? Der erste, oberflächlichste Kanal nimmt wahr: Die Ampel ist grün, also einfach die Szene an sich. Der zweite Kanal sieht die Beziehung der beiden: Beim Autofahren bin ich der Bessere! Der dritte Kanal hört die eigentliche Selbstmitteilung: Ich habe Angst, dass ich zu spät komme. Oder: Mich nervt es, wenn du so langsam fährst. Der vierte Kanal zieht den Appell aus dem Gehörten: Gib Gas!

Es zeigt sich, in welche unterschiedlichen Richtungen innerhalb kürzester Zeit die meist unbewusste Deutung des Gesagten geht. Vom Zustand des Zuhörers, seiner momentanen Position, evtl. der persönlichen Situation und der persönlichen Struktur hängt es ab, welche der verschiedenen Empfindungen er als entscheidend erachtet und für sich und die weitere gemeinsame Kooperation als richtungsweisend betrachtet. Gerade bei beruflichen Kontakten ist es wichtig, keinen negativen Beigeschmack zu hinterlassen. Deshalb gilt es für erfolgreiche Kooperationen, eine positive und eindeutige Formulierung zu wählen, die auf keinem Kanal eine negative Deutung zulässt. Je besser der Charakter des Gesprächspartners und die äußeren Umstände des Gespräches bekannt und bewusst sind, umso leichter fällt dies. Auch der Status der beiden Kommunikationsparteien (Hierarchie, Marktführer usw.) spielt dabei eine Rolle. Mit Einfühlungsvermögen und etwas Fingerspitzengefühl können Sie leicht dazu beitragen, dass die emotionalen Viren die Kooperation nicht blockieren, sondern voranbringen.

Allerdings gestaltet sich die Kooperation als besonders schwierig, wenn sie nahezu ausschließlich auf schriftlichem Weg erfolgt. Es findet keine Wahrnehmung der Mimik und Gestik statt. Die Kommunikationspartner können im Moment des Austauschs nicht für sich entscheiden, ob Ihnen das Gesagte durch die beispielsweise sympathische Ausstrahlung des anderen positive Impulse übermittelt oder ob sie eher kritisch „auf Empfang" gehen sollen. Gefühlvolle Kommunikation wird, je unpersönlicher das Medium ist, immer schwieriger. Am Telefon ist wenigstens noch der Tonfall erkenn- und deutbar. Schriftlich stehen da meist „Schwarz auf Weiß" irgendwelche „unpersönliche" Buchstaben, die Wörter ergeben, deren Bedeutung zwar bekannt ist, die aber oft auf zwei oder mehrere Arten gedeutet werden kann. Daher sollten Sie beim ersten Kontakt eine reine unpersönliche Brief- oder eMail-Kommunikation tunlichst vermeiden. So gehen Sie potenziellen Missverständnissen aus dem Weg.

Die Kunst der weichen Kommunikation

Es erfordert ein wenig Übung, jeder kann jedoch lernen, eindeutig zu formulieren und im persönlichen Gespräch genauso wie telefonisch oder schriftlich beim Gesprächspartner alle Kanäle bewusst auf die gewünschte Art anzusprechen und damit die Kooperation in die für alle Beteiligten beste Richtung zu lenken. Die ersten Schritte sind gegangen, sobald Sie sich die Kunst der weichen Kommunikation angeeignet haben.

Es gibt verschiedene Worte, deren Gebrauch zwangsläufig beim Kommunikations- und Kooperationspartner das innere Ausfahren der Krallen, das verborgene Aufsetzen der Hass-Maske oder gar die völlige Blockade auslösen. Zum einen gibt es so genannte „Selbstmordwörter", mit denen sich jeder selbst in Frage stellt und seine Aussagen relativiert. Dazu gehören „eigentlich", „könnte", „sollte", „müsste", „eventuell" und „im Normalfall". Das heißt nicht, dass diese Wörter generell aus dem Wortschatz gestrichen werden müssen, sondern dass sie bewusst gebraucht werden sollen!

Reizwörter reizen – nicht zum Erfolg!

Jeder kennt die typischen Aussagen von Vierjährigen in der Trotzphase, bei denen jeder Satz entweder mit „aber" oder „trotzdem" anfängt. Das sind Reizwörter, die zum Ausdruck bringen: „Ich will dich jetzt aus der Reserve locken! Wir kämpfen das jetzt aus!" Dazu gehören auch Aussagen wie: „Sie müssen ..." oder: „Dennoch dürfen Sie nicht vergessen ..." Diese führen allenfalls zu Diskussionen, die selten fruchtbar enden. Killerphrasen wie: „Das geht nicht, weil ..." rufen beim Gesprächspartner nur das Misstrauen hervor, das jeder empfindet, der offensichtlich abgelenkt werden soll.

Zeigen Sie Ihrem Gegenüber bei jeder Form der Verkaufskommunikation, dass er jetzt Ihr ungeteiltes Interesse hat. Seien Sie sich bei allem, was Sie sagen, der vier verschiedenen Empfangskanäle jedes Menschen bewusst, bleiben Sie jedoch stets gelassen. Wenn Ihr Gesprächspartner verwirrt scheint, fragen Sie freundlich und keinesfalls diskriminierend, ob er Sie verstanden hat. Formulieren Sie stets einfach und anschaulich, umso eindeutiger bleibt eine Mitteilung oder ein Gespräch. Gehen Sie immer wieder auf die Person ein und berücksichtigen Sie die Position der anderen Partei.

Eine Kommunikation sollte immer geprägt sein von einem Miteinander und nicht von einem Gegeneinander. Das erzeugt nur Stress und bringt Sie und Ihren Kooperationspartner dem gemeinsamen Erfolg keinen Schritt näher. Seien Sie sich dieser Tatsache auch bei der Wortwahl bewusst. Sagen Sie lieber: „Lassen Sie uns beginnen" statt: „Ich fange jetzt an, Ihnen das zu erklären." Wer steht schon gerne als kleiner dummer Schuljunge da, dem der Lehrer etwas erklären muss?

5.5 Das Kundengespräch in Grenzsituationen

Vielen Verkäufern fehlen zur rechten Zeit die rechten Worte. Beim Trainieren eines wortgewandten, sicheren Auftritts geht es nicht um Techniken, wie man andere Menschen „mundtot macht", „niederbügelt", oder „an die Wand drückt". Worauf es wirklich ankommt, ist, in kritischen Situationen mehr Souveränität auszustrahlen. Wenn Sie wissen, welcher Persönlichkeit Sie gegenübersitzen, haben Sie es auch leichter, entsprechend zu kommunizieren. Wenn die kommunikative Chemie stimmt, können Sie mit Ihrem Kunden bessere Geschäfte und mehr Abschlüsse machen:

1. Der Kunde wägt alles tausendfach ab

Tipp: Bieten Sie lieber zu viel als zu wenig Informationen und beruhigen Sie Ihren Kunden z.B. durch Zeitreserven bei der Lieferung. Geben Sie ihm Entscheidungshilfen. Helfen Sie ihm, sich für das Gespräch mit seinem Vorgesetzten eine Argumentation zurechtzulegen.

2. Der Kunde entscheidet sehr schnell

Tipp: Reden Sie nicht lange um den heißen Brei herum. Liefern Sie die wichtigsten Fakten zusammengefasst und stellen Sie sich auf harte Fragen ein. Bleiben Sie auf jeden Fall gelassen. Mehr als nicht kaufen kann kein Kunde!

3. Der Kunde sucht den persönlichen Kontakt

Tipp: Sprechen Sie über persönliche Dinge, bevor Sie zu den „harten" Fakten kommen. Wenn Sie es nicht tun, laufen Sie Gefahr, das Vertrauensverhältnis endgültig zu ruinieren.

4. Der Kunde konzentriert sich immer nur auf einen Punkt

Tipp: Lenken Sie nicht von dem wichtigsten Punkt des Kunden ab!

Geben Sie ihm das Gefühl, dass Sie und Ihr Unternehmen in der Lage sind, eine optimale Lösung für sein Problem zu finden. Das ist fast Ihre einzige Chance, den Auftrag zu bekommen. Sonst verlieren Sie bei diesem Kunden Ihre Verkaufschancen. Entweder Sie kriegen ihn damit oder überhaupt nicht.

5. Der Kunde macht alles gleichzeitig

Tipp: Entlasten Sie Ihren Kunden, denn bei ihm geht es immer rund. Er ist dankbar für alles, was ihm Arbeit abnimmt. Lassen Sie sich von seiner Hektik nicht anstecken.

6. Der Kunde kapselt sich ab

Tipp: Sprechen Sie nicht über persönliche Dinge, das will Ihr Kunde nicht hören. Bleiben Sie bei Ihrem Thema und denken Sie sich: „Er ist halt so! Das hat nichts mit meiner Person zu tun." Versuchen Sie auf keinen Fall, in seine aufgebauten Schutzzonen einzudringen.

Der souveräne Verkäufer

Souveränität ist auch deswegen das Fundament einer gelungenen Kommunikation, weil souveräne Verkäufer seltener angegriffen werden. Sobald sie auftreten, ändert sich etwas im Raum. Sie flößen ihren Kunden nicht nur Respekt ein, sondern haben auch ihre Überzeugungs- und Wirkungsmittel im Griff. Das heißt: Ihre Sicherheit und Gelassenheit befähigt sie, Kommunikations-Werkzeuge so einzusetzen, dass sie damit niemandem wehtun, kein Porzellan zerschlagen und kein sinnloses verbales Kräftemessen starten. Bevor Sie sich als Verkäufer also mit rhetorischen und dialektischen Techniken und Kniffen auseinander setzen, sollten Sie an sich selbst und an Ihrer Wirkung arbeiten, und das braucht Zeit. Fünf Faktoren sind es, die im Verkaufsgespräch zu mehr Souveränität verhelfen. Es sind zugleich die fünf Säulen des Kommunikations-Tempels:

Säule 1: Positive Einstellung

Den meisten Verkäufern mangelt es nicht an kommunikativen Fähigkeiten, ganz im Gegenteil. Allerdings plagen sich viele mit dem negativen Image als Verkäufer. Diese negative Einstellung zu sich selbst prägt auch oft das kommunikative Verhalten den Kunden gegenüber. Ab dem Moment, wo sie anfangen, ihre Einstellung zu ändern, stellen sie fest, dass sie durchaus die Möglichkeit haben, gut auf Äußerungen ihrer Mitmenschen zu reagieren. Dennoch nehmen sie oft, zu oft, eine negative Erwartungshaltung ein und wundern sich, dass ihre Gesprächspartner negativ sind.

In eine sichere Position kommen Sie als Verkäufer durch das positive Denken. Ein altes Gesetz gilt nämlich auch für die Kommunikation: Die eigene Einstellung ist ausschlaggebend für das Verhalten der anderen. Wenn jemand eine natürliche positive Ausstrahlung hat, wird er viel weniger mit Angriffen konfrontiert. Ein optimistischer Mensch gewinnt andere Menschen für sich; mit einem Strahlemann legt sich keiner gerne an.

Zur heiteren Ausstrahlung gehört es z.B., Negatives positiv zu formulieren: Der negativ eingestellte Verkäufer Düster, der während der Woche unterwegs ist und nur am Freitag Zeit hat, wird dem Kunden sagen: „Ich habe für einen Besuch bei Ihnen bis Freitag keine Zeit." Der positiv eingestellte Kollege Fröhlich wird es wiederum positiv formulieren: „Ich bin am Freitag schon um neun Uhr bei Ihnen, wir nehmen uns Zeit und können alle offenen Fragen in Ruhe besprechen.“ Insgesamt sind positive Menschen in ihrem Kommunikationsverhalten kreativer und entwickeln sprachlich originellere Formulierungen als Miesepeter. Lächel-Training ist auch ein Sprungbrett zum erfolgreichen Verkauf. Viele Verkäufer lernen erst eine positive Geisteshaltung einzunehmen, indem sie das gewinnende Lächeln üben und entdecken, dass sich dadurch neue ungeahnte Potenziale erschließen.

Säule 2: Blickkontakt

Wer keinen Blickkontakt hält, hat nicht die geringste Chance, im Verkaufsgespräch Sicherheit auszustrahlen. Wer seinen Gesprächspartner dagegen anschaut, signalisiert, dass er ihn „im Griff“ hat. Der Blick unterstreicht die Botschaft („Was ich Ihnen mitteile, ist sehr wichtig“) und verstärkt die physische Präsenz des Sprechers. Beim Zuhören vermitteln weit geöffnete Augen das Gefühl: „Ich habe Interesse an Ihnen und Ihren Ausführungen.“ Wichtig ist auch, den Blick nach oben zu richten, denn das signalisiert eine optimistische Grundeinstellung. Wer andere freundlich, aber bestimmt anschaut, vermittelt den Eindruck eines Menschen, der weiß, was er will. Blickkontakt ist eines der einfachsten Mittel und doch einer der meistverkannten Trümpfe in der Verkaufsrhetorik.

Es ist wohl ein trauriges Zeichen unserer Zeit, dass viele Menschen es verlernt haben, sich in die Augen zu schauen. Schauen Sie Ihre Kunden freundlich, jedoch bestimmt an. So vermitteln Sie den Eindruck eines Verkäufers, der weiß, was er will. Wenn Sie Schwierigkeiten haben, Blickkontakt zu halten, reicht oft ein einfaches, jedoch konsequentes Training in Alltagssituationen. Es ist hilfreich, länger und dezidiert Blickkontakt zu den Menschen auf der Straße, in der Bahn, in Kaufhäusern etc. zu halten. Wichtig ist es, den ersten Schritt zu machen und sich in manchmal heikle Situationen zu bringen, um daraus Mut zu schöpfen. Die ersten Erfolge stellen sich schon rasch ein.

Säule 3: Stimmpräsenz

Ich habe in den letzten Jahren viele Verkäufer kennen gelernt, deren Stimmlage sehr unterschiedlich war. Eine leise Stimme ist entgegen vielen landläufigen Ratschlägen kein Hindernis für eine erfolgreiche Kommunikation. Wichtig ist die Präsenz, die Sie in einem Raum ausstrahlen. Ihre Kunden sollen Ihre Aura spüren, sobald Sie den Raum betreten haben und etwas sagen. Wichtig ist das Tempo, in dem Sie etwas sagen, und die Stimmlage. In manchen Verkaufs- und Rhetorikseminaren wird den Teilnehmern das Brüllen als Ausdruck der Selbstentfaltung beigebracht. Viele Top-Verkäufer sind jedoch im besten Sinne des Wortes „Meister der sanften Töne“.

Fangen Sie zu Übungszwecken an, langsam zu reden, und Sie werden feststellen, dass sich plötzlich Ihre Stimmlage verändert. Ausdruck verleiht man sich und seiner Stimme durch das Sprechtempo und die Stimmlage. Wirkungsvoll ist es, langsam zu sprechen und am Ende eines Satzes mit der Stimme nach unten zu gehen. Beides lässt sich trainieren, indem man sich bekannte, dann unbekannte Texte vorspricht. Hilfreich ist, im Hintergrund Entspannungsmelodien laufen zu lassen und die eigenen Sprechversuche auf Band aufzunehmen. Nach den Trockenübungen sollten Sie am Ausdruck Ihrer Stimme in so vielen Verkaufsgesprächen wie möglich feilen. Dann merken Sie allmählich, wie es Ihnen gelingt, Menschen allein durch die Stimme in Ihren Bann zu ziehen. Es ist ein uraltes Phänomen: Beherrschen Sie Ihre Stimme, um durch die Kraft ihrer Wirkung die Gesprächssituation zu beherrschen. Langsam werden Sie bestimmte hypnotische Sprachmuster beherrschen lernen, die Sie automatisch ins Gespräch mit einfließen lassen können. Sie werden merken, dass Ihre Kunden Ihnen eine erhöhte Aufmerksamkeit schenken.

Säule 4: Charisma

Haben Sie sich auch schon einmal die Frage gestellt, aus welchen Gründen bestimmte Verkäufer erfolgreicher sind als andere? Es liegt an ihrer Ausstrahlung, ihrem Charisma. Charisma ist die Fähigkeit eines Menschen, andere Menschen für sich, seine Ziele und Interessen zu begeistern, ja sogar einzunehmen. Charisma ist dieses undefinierbare Etwas, was den Worten einer Person mehr Gewicht verleiht. Es ist auch eine physische Wärme, die jemand ausstrahlt und auf andere überträgt. Viele talentierte Verkäufer besitzen dieses gewisse Etwas. Sie haben bereits durch ihr bloßes Dasein und durch ihre Stimmpräsenz so viel ausgedrückt, dass die verbalen Inhalte nur noch einen geringen Anteil an der gesamten Kommunikation haben, sozusagen eine Draufgabe sind.

Charisma muss Ihnen nicht in die Wiege gelegt worden sein. Wenn Sie konsequent üben, wird Ihr Umfeld Sie anders wahrnehmen und diese Aura, die Sie jetzt ausstrahlen, spüren. Durch gezieltes Training können Sie lernen, charismatisch zu wirken. Entwickeln Sie Ihren eigenen, selbstbewussten Stil. Stehen Sie zu sich selbst und Ihren Zielen. Seien Sie souverän, wenn es um die Fehler anderer oder Ihre eigenen geht. Denn nichts wirkt charismatischer als ein Mensch, der einfach über den Dingen steht, die nicht wichtig genug sind, dass sie ihn aus der Bahn werfen könnten.

Säule 5: Emotionale Dickhäutigkeit

Emotionen können nicht weggeredet werden: Sie sind da. Doch Sie können lernen, Ihre Gefühle zu beherrschen. Die meisten erfolgreichen Verkäufer haben sich einen Panzer zugelegt, der ihnen hilft, in Angriffssituationen nicht die Kontrolle über sich zu verlieren und auszurasten. Wer auf der Autobahn merkt, dass er auf die Leitplanke zusteuert, muss seinen Fokus ändern und wieder nach vorne auf die Fahrbahn schauen. In der Verkaufskommunikation ist es ähnlich. Trainieren Sie sich eine gewisse emotionale Dickhäutigkeit an. Das ist durchaus erlernbar. Lernen Sie, über einen verbalen Angriff hinwegzukommen. Eine der einfachsten Methoden ist die Änderung des mentalen Fokus: Ich konzentriere mich auf die Frage, die ich dem Angreifer stelle, und nicht auf das, was er eben gesagt hat.

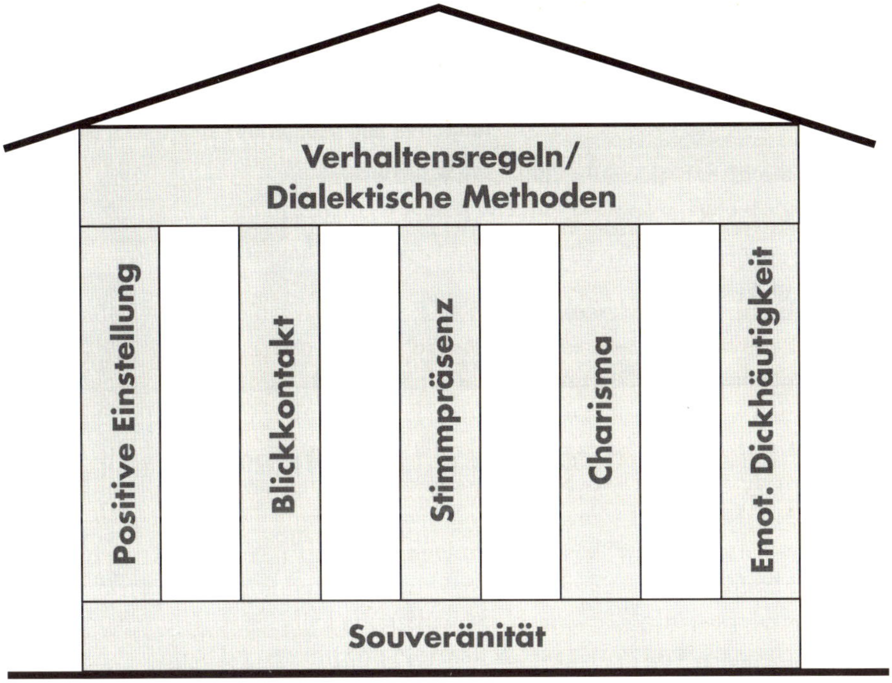

Erst wenn diese fünf Grundpfeiler des Kommunikationstempels gebaut worden sind, macht eine Weiterentwicklung der dialektischen Spitzfindigkeiten Sinn. Sonst bleibt der Tempel ohne Fundament. Erst wenn ein Verkäufer Souveränität ausstrahlt, macht es für ihn Sinn, sich mit dem Erlernen der Techniken auseinander zu setzen. Manchmal sind es nicht mal Techniken, sondern es reicht eine erhöhte Aufmerksamkeit bezogen auf das eigene Kommunikationsverhalten. Gerne zitiere ich in diesem Zusammenhang Moshé Feldenkrais: „Erst wenn ich weiß, was ich mache, kann ich tun, was ich will."

Zusammenfassung
Kapitel 5: Checkpoint 2: Die Kontaktphase

1. Pünktlichkeit ist oberstes Gebot!

2. Die Ausstrahlung überstrahlt alles, oder auch nicht!

3. Eine offene Körpersprache unterstreicht die Worte!

4. Die Verbindung Mensch zu Mensch geht der Verbindung Mensch – Produkt voraus!

5. Charismatische Verkäufer nehmen ihre Kunden ganz für sich ein!

6. Durch Umgangsformen und Stil zollen erfolgreiche Verkäufer ihrem Gesprächspartner Respekt!

7. Einfühlungsvermögen und Herzlichkeit sind mehr wert als alle Knigge-Regeln!

8. Das Kompetenzfeld Kommunikation bietet unzählige Möglichkeiten, Menschen zu erreichen!

9. Für den Verkäufer zählt immer die Perspektive des Gegenübers!

10. Souveränität in Grenzsituationen ist das A und O im Kundenkontakt!

Die drei wichtigsten Punkte für mich:

1.

2.

3.

Mein Umsetzungsplan:

Folgende Ideen werde ich umsetzen:

Noch heute:

Morgen:

In der nächsten Woche:

6 Checkpoint 3: Die Neugierphase

Die Kunst des Verkaufens besteht in dieser Phase darin, möglichst schnell zu erkennen, mit welchem Typ Mensch Sie es zu tun haben. Ist Ihr Gegenüber eher verschlossen, überlegen Sie bereits jetzt, wie Sie den Weg zu ihm finden. Wirkt er eher verkrampft, versuchen Sie etwas Entspannung in die Situation zu bringen. Ist er heiter, versuchen Sie genauso fröhlich zu sein, aber nicht lächerlich! Analysieren Sie seinen Sprachstil und versuchen Sie herauszufinden, auf welchen Sinneskanälen er sendet: visuell, auditiv oder kinästhetisch. Olfaktorisch und gustatorisch wird eher selten sein. Nutzen Sie während des Gesprächs immer wieder bewusst Wörter passend zum Sinneskanal – der Kunde wird es unbewusst wahrnehmen und Sie näher an sich und seine Bedürfnisse heranlassen. Der Kunde muss Ihnen vertrauen und dieses Vertrauen auf das Produkt projizieren.

Sobald dieses Vertrauen da ist, werden Sie als aufmerksamer Gesprächspartner das merken. Der Kunde öffnet sich, ist bereit, Informationen zum Produkt oder auch zur Dienstleistung, die Sie anbieten, anzunehmen. Vielleicht wird er Sie sogar ganz direkt danach fragen.

6.1 Menschenkenntnis

Verkäufer wissen viel, manchmal zu viel über Fragetechniken, Nutzenargumentation oder die Einwandbehandlung. Ein Bereich allerdings wird in den meisten Fachbüchern oder Verkaufsschulungen sträflich vernachlässigt: die Menschenkenntnis und deren Vorteile im Umgang mit Kunden. Die meisten Verkäufer teilen ihre Kunden sehr wohl ein in solche, die kaufen, und in solche, die nicht kaufen, oder in solche, die man mag, und in solche, die einem weniger sympathisch sind. Weiter ins Detail geht es meist nicht. Dabei haben doch gerade Verkäufer viel mit den unterschiedlichsten Menschen zu tun und könnten sich durch ein entsprechendes Grundlagen-Know-how und etwas Übung enormes Wissen in diesem Bereich aneignen. Soziale Kompetenz ist gefragt, die Fähigkeit, Menschen und Situationen richtig einzuschätzen, Vergleiche und Rückschlüsse zu ziehen sowie entsprechend zu handeln.

Menschen zu kennen und sie in ihrer Individualität anzunehmen heißt, mit Menschen gut umgehen zu können. Und, sofern es sich um Kunden handelt, gute Geschäfte zu machen. So wichtig Menschenkenntnis auch ist, nicht jeder Verkäufer ist ein Naturtalent und kann bereits nach den ersten Gesprächsminuten sagen, was für ein „Typ" ihm gegenübersitzt. Dies ist jedoch eine wichtige Voraussetzung, um eine Beziehung aufzubauen und mit dem Kunden (für den Verkäufer) bewusst und (für den Kunden) unbewusst typgerecht zu kommunizieren.

Grundlage der Menschenkenntnis ist die Empathie, laut Duden (griech.) die Fähigkeit, sich in andere hineinzuversetzen. Das Hineinfühlen geschieht, ob Ihnen Ihr Gegenüber nun sympathisch ist oder nicht, ob Sie gleicher Meinung wie er sind oder nicht. Und selbst, wenn Sie völlig anders denken, fühlen und handeln würden, Sie sind in der Lage, den anderen Menschen in seiner ihm ganz eigenen Art anzunehmen. Einmal in den Schuhen des anderen laufen, sich einmal auf dessen Stuhl setzen – das alles sind Redewendungen, die darauf hindeuten, dass es für Menschen manchmal sogar äußerst interessant sein kann, einmal die Rollen zu tauschen, einmal in die Haut des anderen zu schlüpfen.

Gefühle gehen meist unter

Das, was Ihr Kunde sagt, hören Sie, zumindest, wenn Sie es gelernt haben, aufmerksam zuzuhören. Die Schwierigkeit bei der Menschenkenntnis besteht darin, das zu hören, was der Kunde nicht sagt: zu „hören" oder besser zu sehen, was er denkt und was er fühlt und was er im Ernstfall sagen oder tun wird. Sie können nicht davon ausgehen, dass Ihnen ein Kunde alle Gefühle offenbart. Diese kommen jedoch ganz deutlich in Mimik, Gestik und der Körperhaltung zum Ausdruck. Wenn es Ihnen nun gelingt, diese oftmals feinen Signale zu empfangen, zu interpretieren und darauf richtig zu reagieren, verstehen Sie, worin der Vorteil von Menschenkenntnis liegt. Menschen wirklich kennen zu lernen, ist ein nie enden wollender Prozess, der sich durch Ihr ganzes Leben als Verkäufer zieht.

Sicher haben Sie auch schon Kunden be- oder gar verurteilt, sie in eine Schublade gesteckt und dort nie wieder herausgeholt. Und sicher kennen Sie auch den Fall, dass Ihnen jemand zu Beginn vielleicht überhaupt nicht sympathisch war und es etwas länger gedauert hat, bis Sie gemerkt haben, welch menschlich wertvoller Schatz sich hier in Ihrer Umgebung befindet. Das mit der Schublade geht meist sehr schnell: erster Kontakt, ein Händeschütteln, zwei Worte, sieben Sekunden und – schwups – schon ist Ihr Gegenüber drin! Gleiches gilt natürlich für Sie, denn auch Ihr Gegenüber, in diesem Fall Ihr Kunde, handelt unbewusst so. Für Sie als Verkäufer ist dies eine unumstößliche Tatsache, mit der Sie leben und nach der Sie sich richten müssen. Umgekehrt haben Sie jedoch die Möglichkeit, sich aus diesem Schubladendenken zu verabschieden. Gehen Sie neutral auf die Menschen zu, gestehen Sie ihnen Eigenheiten und stellen Sie sich ruhig einmal öfter die Fragen:

- Wie ist der andere (wirklich)?
- Wie erkläre ich mir sein Verhalten?
- Was wollte er mir damit sagen?

Mit den Antworten, den Beobachtungen und Informationen bauen Sie sich nun ein eigenes System auf, das Baustein für Baustein Ihre Menschenkenntnis verbessern wird.

Von Typen und anderen Kunden

Eine der einfacheren und in der Verkaufsliteratur auch vielfach besprochenen Typisierungen ist die nach den Sinneskanälen. Deshalb möchte ich hier nur kurz darauf eingehen. Nach der Lehre des NLP (Neurolinguistisches Programmieren) hat jeder Mensch einen bevorzugten Sinneskanal. Ob visuell (sehen), auditiv (hören), kinästhetisch (fühlen), olfaktorisch (riechen) oder gustatorisch (schmecken) – jeder Mensch sendet auf einem bestimmten Kanal und kann natürlich auch auf genau diesem Kanal am besten angesprochen werden. Am einfachsten lässt sich dies durch die Wortwahl herausfinden. Verwendet ein Kunde viele bildhafte Ausdrücke, wie „dann setzen wir einen Stein auf den anderen“ oder „das werden wir sicher bald sehen“, ist er überwiegend visuell. Ausdrücke, wie „das klingt sehr gut in meinen Ohren“ oder „können Sie mir das bitte noch einmal erzählen“, lassen einen bevorzugten auditiven Sinneskanal vermuten. Und schließlich Menschen, die kinästhetisch veranlagt sind und Worte verwenden mit Gefühl, z.B. „das fühlt sich richtig gut an", „da habe ich Schmetterlinge im Bauch" oder Sie beim zweiten Termin gleich in die Arme nehmen. Achten Sie auf Worte und Gesten – und mit etwas Übung können Sie Ihre Kunden sehr bald einordnen. Sie können und müssen auch bei sich selbst einmal beobachten, welcher Ihr Lieblingskanal ist. Und jetzt kommt der Clou: Natürlich sprechen Sie Ihren Kunden, sobald Sie sich sicher sind, auch auf dem bevorzugten Sinneskanal an. Das erfordert zwar etwas Übung, weil ja auch Sie einen bevorzugten Sinneskanal haben, aber Sie werden bald merken, wie Sie Ihren Erfolg steigern.

Mehr zu verschiedenen Kundentypen und wie Sie am besten mit diesen umgehen, erfahren Sie in nachfolgendem Abschnitt.

6.2 Kundentypen gibt's!

Leider (oder Gott sei Dank!) tragen Ihre Kunden kein Schild um den Hals, auf dem geschrieben steht:

Liebling der Nation

Ich bin anspruchsvoll

Leicht reizbar

Zicke

Der Stil eines Menschen, seine Art, mit dem Leben und den Begebenheiten umzugehen, zeigt sich in seinem Verhalten. Über eines allerdings sollten Sie sich im Klaren sein: Den reinen Typus gibt es nicht, es wird immer eine Mischung aus mehreren Eigenschaften sein.

Verkäufer lernen sehr schnell, einen Menschen und insbesondere einen Kunden in ein Schema einzuordnen: ob nun jemand sehr autoritär entscheidet, wie es oft bei den „alten" Chefs der Gründergeneration der Fall ist, ob einer eher offen für Neues ist oder sich generell nicht entscheiden kann und dies dann lieber einem anderen überlässt. Grundzüge der Persönlichkeit werden relativ gut erkannt, und damit hat es sich dann auch. Doch muss dann auch der nächste Schritt folgen, nämlich, dass man für diese Typen auch entsprechende Strategien in der Kommunikation entwickelt. Mit detailversessenen Kunden muss man anders sprechen als mit einem, der eher global denkt und entscheidet. Ist für den einen jeder noch so kleine Teilaspekt interessant, will der andere nur ein eher grobes Raster haben.

Wir beschäftigen uns in diesem Kapitel mit fünf Typen, denen Sie in Ihrem Verkäuferleben sicher nicht nur einmal begegnet sind. Wenn auch in geringen Abwandlungen, so sind diese Typen leicht auszumachen und, gewusst wie, auch entsprechend zu behandeln.

1. Der „Ich-weiß-alles-(besser)"-Typ

Diesem Typen können Sie nichts vor machen. Ihm ist nichts, aber auch wirklich gar nichts neu. Jedes Argument kennt er schon. Ebenso Ihr Produkt und die Nutzenargumente. Er möchte der Schlauere sein und verbirgt hinter seiner Besserwisserei oft nur seine Komplexe, eben doch nicht alles zu wissen.

Tipp: Gehen Sie gelassen damit um, wie nervig es auch sein mag. Und wenn er unbedingt möchte, dann lassen Sie ihn doch Ihr Produkt erklären und bestätigen seine Verkaufsargumente nur noch. Wenn Sie ihm aufmerksam zuhören und seine Aussagen bestätigen, fühlt er sich wohl, sein Selbstbewusstsein wächst. Für Sie ist jetzt nur noch entscheidend, im richtigen Augenblick zuzuschlagen: „Ja, wenn das so ist, können Sie gar nicht mehr anders, als die Bestellung sofort zu unterschreiben."

2. Der „Ich-hör-am-liebsten-zu"-Typ

... lässt den Verkäufer reden, reden und nochmals reden. Mehr als ein zustimmendes „Mhhh" oder ein zögerliches „Vielleicht" dürfen Sie nicht erwarten. Der schweigsame Kunde kennt sich sowohl fachlich als auch kommunikativ aus und lässt den Verkäufer sozusagen kommen.

Tipp: Seriosität ist gefragt. Ebenso können Sie diesen Typen mit Tatsachen überzeugen. Nur keine Schau; dieser Typ liebt gut vorbereitete Verkäufer und schätzt eine faire Partnerschaft. Wenn er etwas sagt, sagt er nur wenig. Umso wichtiger sind diese wenigen Aussagen für Sie. Hören Sie aufmerksam zu und, wenn nötig, schweigen Sie auch einmal längere Zeit, lassen Sie es jedoch auf keinen Machtkampf ankommen. Sie können auch ab und zu versuchen, ihm Fragen zu stellen, um ihm ein paar Worte zu entlocken.

3. Der „Lasst-uns-alle-Freunde-sein"-Typ

Der liebenswürdige Typ lebt nach dem Motto: Leben und leben lassen. Er wird Ihnen keine größeren Schwierigkeiten bereiten, vorausgesetzt, Sie schaffen es, sein Freund zu werden. Darauf legt er mehr Wert als auf Preise oder Nutzenargumente. Wenn er das Gefühl hat, er kann Ihnen vertrauen wie seinem besten Freund, dann wird er guten Gewissens alles kaufen, was Sie für richtig erachten. Genauso, wie ein guter Freund ihn nie ausnützen würde, kann er sich dies auch bei Ihnen nicht vorstellen.

Tipp: Bauen Sie auf die Beziehungsebene und stellen Sie sich darauf ein, dass dieser Bereich ein großer Part im Verkaufsprozess sein wird. Legen Sie viel Wert auf das persönliche Gespräch. Lassen Sie ihn von seinem Leben erzählen und öffnen Sie sich ebenso ihm, wenn er persönliche Fragen stellt. Durch dieses Vertrauen schaffen Sie schnell eine gute Verkaufsbasis. Tun Sie nichts, aber auch wirklich nichts, was dieses

Vertrauen erschüttern könnte. Denn haben Sie dieses Vertrauen einmal verloren, haben Sie einen Kunden und Freund verloren und erschüttern die Grundfeste seines Menschheitsbildes.

4. Der „Ich-weiß-nicht-so-recht"-Typ

... ist leicht zu erkennen. Seine Angst, eine falsche Entscheidung zu treffen, zeigt sich nicht nur in seinen Worten, sondern auch in seiner Körpersprache. Er spricht eher leise und zögerlich, hat viele unerledigte Vorgänge auf seinem Tisch und in seinen Gedanken. Er zieht gerne jemand anderen zum Entscheidungsprozess hinzu.

Tipp: Mit diesem Typen brauchen Sie viel Geduld. Jeder Druck verstärkt noch die Angst, sich falsch zu entscheiden. Bauen Sie auf eine langfristige Partnerschaft und betonen Sie, dass Ihnen eine solche wichtiger ist als ein kurzfristiges Geschäft. Geben Sie ihm die Sicherheit, dass er bei Ihnen alle Fragen stellen darf und dass Sie alles in Ihrer Macht Stehende tun werden, um ihm die Entscheidung zu erleichtern. Vielleicht erzählen Sie auch einmal von anderen Kunden, denen eine Entscheidung ebenso schwer gefallen ist und die bereits seit längerer Zeit sehr glücklich mit Ihrem Produkt oder Ihrer Dienstleistung sind.

5. Der „Ich-will-das-ganz-genau-wissen"-Typ

Der Pedant will alles ganz genau wissen und von Ihnen die Produkteigenschaften bis ins kleinste Detail erklärt bekommen. Ihn können Sie nicht mit oberflächlichen Aussagen ködern. Bei ihm ist nicht nur der Schreibtisch aufgeräumt, ebenso dies gilt auch für seine Gedanken. Und genau dies wünscht er sich auch von seinem Gesprächspartner.

Tipp: Bereiten Sie alle Unterlagen genauestens vor. Strahlen Sie schon durch Ihr Äußeres Ihre Kompetenz aus. Überprüfen Sie immer wieder, ob Sie ihm ausreichend Informationen zukommen lassen, und schätzen Sie mit dem gebührenden Respekt seine Haltung.

„Der Kunde, die Mitarbeiter, die Gesellschaft – in dieser Reihenfolge", das forderte nicht nur Heinz Gregor Johnen, deutscher Topmanager und Zentis-Chef. Egal, welcher Kundentyp Ihnen auch gegenübersteht, ob Sie ihn nun mehr mögen oder weniger, Ihre Aufgabe als Verkäufer ist es, ihn so anzunehmen, wie er ist, und ihn in jedem Fall höflich zu behandeln und kompetent zu beraten.

6.3 Vertrauen herstellen

In einer Zeit, die geprägt ist von Computern, in der Menschen nur noch per eMail oder SMS miteinander kommunizieren, ist es umso wichtiger, dass Menschen sich wieder persönlich begegnen, dass Menschen sich vertrauen und wissen, auf den anderen ist Verlass. Keine Frage, es muss im Verkauf nicht immer der persönliche Besuch vor Ort sein. Manchmal genügt ein Anruf oder auch eine eMail, um sich und sein Anliegen darzulegen oder Details zu ergänzen. Was jedoch bei aller modernen Medientechnik Gott sei Dank nicht ersetzbar ist, ist, dass Menschen einander wirklich näher kommen, dass sie einander kennen lernen, dass sie einander sympathisch sind. Dabei ist gerade Sympathie die erste Vorstufe des Vertrauens.

Sympathie schafft Vertrauen

Überlegen Sie doch einfach mal, wann Ihnen andere Menschen sympathisch sind? Wie entscheiden Sie, ob Sie einen Menschen mögen oder nicht. Ist es nicht so, dass, unabhängig, ob Sie einen Gesprächspartner besser kennen oder nicht, bestimmte Grundlagen gegeben sind, wenn Sie einen anderen Menschen sympathisch finden. Dies ist der Fall, wenn Menschen

→ *gepflegt gekleidet sind:* Vorausgesetzt, Sie sind es auch, denn hier gilt: Gleich und gleich gesellt sich gern und schließlich wissen wir, dass derjenige, der sich gut kleidet, uns auch als Mensch gerne mag. Und nur, wer sich selbst (wert-)schätzt, kann auch andere (wert-)schätzen.

→ *wissen, sich zu benehmen:* Höflichkeit ist ein wesentlicher Bestandteil, um sich in der Gesellschaft zu bewegen. Und auch hier gilt: Wer mit anderen höflich umgeht, wird auch selbst höflich behandelt. Dies bildet die Grundlage für Sympathie.

→ *offen sind:* Menschen, die verschlossen und unnahbar sind, lassen andere nur schwer an sich heran. Unabhängig, ob diese einen triftigen Grund für ihre Verschlossenheit haben oder nicht. Sympathie entwickelt sich nur dort, wo Menschen offen aufeinander zugehen.

→ *positiv wirken:* Wer Optimismus ausstrahlt, braucht sich nicht zu wundern, wenn Menschen ihm zugetan sind. Schließlich gibt es immer wieder Menschen, die alles schlecht machen, die alles schlecht finden und überhaupt meinen, dass die ganze Welt gegen sie im Speziellen agiert. Wie herzerfrischend sind dagegen Menschen, die immer das realistisch Positive sehen.

➜ *gut gelaunt sind:* Gut gelaunte Menschen sind meist auch eher unkompliziert. Sie nehmen die Dinge, wie sie kommen, und stellen sich flexibel auf neue Situationen ein. Schlechte Laune kann und wird jeder einmal haben. Die Frage ist nur, wie man damit umgeht: Schafft man es jedoch, bei allen widrigen Umständen oder gerade deswegen gut gelaunt zu sein oder lässt man seine Launen an seinem Mitmenschen aus? Das macht nicht unbedingt sympathisch.

➜ *gerne lächeln:* Ein Lächeln öffnet jedes Menschenherz. Ein Lächeln überwindet so manche Grenze, die Menschen vorher gesteckt haben. Gehen Sie doch einfach einmal mit einem offenen Lächeln durch eine Fußgängerzone; in der Mittagszeit, wenn jeder nur schnell zum Essen hetzt, um rechtzeitig wieder zurück am Arbeitsplatz oder beim nächsten Termin zu sein. Sie werden merken, dass immer mehr Menschen zurücklächeln. Lachen steckt an. Wenn Sie es schaffen, mit Ihrem Kunden ehrlich zu lachen, ist der Sympathiefaktor groß, und Sie haben einen großen Vertrauensbonus.

Natürlich gilt hier, wie auch bei allen anderen Dingen im Leben: Gleich und gleich gesellt sich gern. Wundern Sie sich also nicht, wenn Sie – zum Beispiel – als ein eher negativ eingestellter Mensch auch von solchen Zeitgenossen, sprich Kunden, umgeben sind. Einen unhöflichen Menschen stört es nicht, wenn auch andere die Regeln des Zusammenlebens nicht beachten. Schlechte Laune zieht schlechte Laune an, und missmutig dreinschauende Menschen begegnen immer wieder ihren Spiegelbildern. Sie als Verkäufer sollten sich allerdings die Frage stellen, ob Sie nicht eine gewisse Verpflichtung haben. Nämlich die, eben Sympathie zu Ihren Kunden aufzubauen und dafür zu sorgen, dass diese Ihnen ihr Vertrauen schenken. Darum bauen Sie Nähe zum Kunden auf, damit dieser Sie als höflichen und positiven Menschen kennen lernen kann, der ihn fachlich kompetent und menschlich zuverlässig berät.

Zusammenfassung
Kapitel 6: Checkpoint 3: Die Neugierphase

1. Die Kunst des Verkaufens besteht darin, Menschen richtig einschätzen zu lernen.
2. Antenne ausfahren, feinste Signale erkennen – Menschenkenntnis ist der erste Schritt zum Verkaufserfolg!
3. Auf einer Wellenlänge (ver-)kauft es sich leichter!
4. Die Individualität des Menschen ist einmalig, oder Ich-bin-o.k. – Du-bist-o.k. und gemeinsam sind wir „unausstehlich"!
5. Gefühle spielen im Verkaufsprozess eine entscheidende Rolle!
6. Kundentypen gibt es ungefähr so viele, wie es Menschen auf der Welt gibt!
7. Nehmen Sie jeden Kunden so an, wie er ist!
8. Sympathie oder Antipathie? Ein zu schnelles Urteil kann Chancen verbauen!
9. Erfolgreiche Verkäufer bauen Nähe zum Kunden auf und lassen auch Persönliches zu!
10. Sympathie schafft Vertrauen – ohne Vertrauen kein Abschluss!

Die drei wichtigsten Punkte für mich:

1.

2.

3.

Mein Umsetzungsplan:

Folgende Ideen werde ich umsetzen:

Noch heute:

Morgen:

In der nächsten Woche:

7 Checkpoint 4: Die Bedarfsermittlungsphase

In der Bedarfsermittlungsphase wollen Sie herausfinden, was Ihr Kunde braucht. Das können Sie am besten mit „offenen Fragen“ erreichen. Offene Fragen sind Fragen, die mit einem W-Wort beginnen und dem Kunden die Möglichkeit geben, nicht nur mit Ja oder Nein zu antworten. Sie erfahren mit einer Frage viel, ohne den Eindruck zu machen, dass Sie neugierig sind oder ihm alles aus der Nase ziehen wollen. Streichen Sie hier bitte aus der Liste der W-Wörter „Warum“ – dieses Wort hinterlässt immer einen Beigeschmack von Rechtfertigung und führt leicht in negative „Gefilde“. Hören Sie in dieser Phase genau hin und machen Sie sich Notizen von dem, was der Kunde möchte. Achten Sie dabei besonders auf die Wortwahl und verwenden Sie genau seine Wörter wieder, wenn Sie ihm später ein Angebot machen.

Hilfreich bei der Bedarfsermittlung sind verschiedene Fragetechniken, die Sie sich bei einem Verkaufsrhetorik-Seminar mit hohem Praxisgehalt aneignen. Gehen Sie bei der Bedarfsermittlung besonders auch auf den finanziellen Rahmen ein, den der Kunde Ihnen aufzeigt. Das ist einer der wichtigsten Punkte in einer Zeit, in der nahezu alle Produkte vergleichbar sind und es immer jemanden gibt, der Ihr Produkt oder Ihre Dienstleistung bei gleichem Service zum gleichen Preis oder gar noch billiger anbietet. Wenn Sie vor dem Angebot wissen, wie viel Ihr Kunde bereit ist zu investieren, werden Sie nachher nicht in die Verlegenheit geraten, den Preis erheblich senken zu müssen und damit wichtige Vertrauenspunkte zu verschenken.

7.1 Bedürfnisse erkennen – Wünsche wecken

Verkäufer müssen wissen, was Kunden wollen. Wie sonst können sie ein gezieltes Angebot abgeben. Kunden haben Wünsche, Probleme und Bedürfnisse. Und Sie als Verkäufer sind auch dazu da, diese Wünsche zu erfragen, die Probleme zu lösen und Bedürfnisse zu befriedigen. Claus Wisser (*1942), dt. Unternehmer, Chef der Wisser-Gruppe (Dienstleistungen, Textilindustrie), betonte: „Besonders allergisch reagiere ich, wenn einer meiner Mitarbeiter vom Kunden erwartet, dass dieser Verständnis für seine Probleme hat, statt dass er die Probleme des Kunden löst."

Kaufmotive des Kunden

Kennen Sie die Kaufmotive Ihrer Kunden? Sie können als Verkäufer noch so geschult und mit Begeisterung Ihr Produkt präsentieren, wenn Ihr Argument nicht dem Motiv Ihres Kunden entspricht, werden Sie es schwer haben. Ein Beispiel: Im Gespräch zwischen dem Verkäufer einer Maschine, die kleine Federn produziert, und dem Kunden entsteht folgender Dialog:

Kunde: „Also, Herr Maier, ich benötige absolute Sicherheit, dass die Maschinen keine Stillstandszeiten hat. Das wäre für unsere Produktion sehr schlecht."

Kommentar: Wichtige Begriffe: absolute Sicherheit, keine Stillstandszeiten

Der *Verkäufer*, mit den eigenen Gedanken schon wieder bei seiner (einstudierten) Nutzenargumentation, sagt daraufhin: „Wissen Sie, Herr Schneider, unsere Maschinen bieten ein unvergleichbares Preis-Leistungs-Verhältnis!"

Kommentar: Warum bringt ausgerechnet der Verkäufer die Sprache auf den Preis? Der Kunde hat in keiner Weise dieses Thema angesprochen, ist jetzt jedoch auch neugierig, was diese Maschine denn kostet, und antwortet mit einer Frage:

Kunde: „Was kostet Ihr gutes Stück denn?"

Kommentar: Und schon sind wir beim Preis angekommen, ohne auch nur ein wichtiges Bedürfnis des Kunden erfüllt zu haben. Ist dieser geschickt, kann der Verkäufer jetzt jeden Preis nennen, den es gibt, dem Kunden wird es immer zu viel sein. Für den Verkäufer wird es schwer, jetzt noch „die Kurve zu kriegen"! – Besser wäre es gewesen, gleich im ersten Satz die Aussagen des Kunden zu wiederholen. Also steigen wir nach der ersten Aussage des Kunden nochmals ein:

Verkäufer: „Wissen Sie, Herr Schneider, unsere Kunden, die wir bereits seit Jahren betreuen, werden Ihnen gerne bestätigen, dass wir keinerlei Stillstandszeiten haben. Durch unseren Kundendienst vor Ort, der mit allen Ersatzteilen ausgestattet ist, kann innerhalb von 15 Minuten jede Schwierigkeit behoben werden. Und in dieser Zeit haben Ihre geschulten Mitarbeiter sicher einmal eine Pause verdient. Diese Sicherheit wird auch im Branchenvergleich immer wieder positiv bewertet. Ich habe Ihnen hierzu einmal einen unabhängigen Vergleich mitgebracht."

Was wollen Sie mehr, als dass Ihr Kunde Ihnen sein wichtigstes (Ver-)Kaufsargument selbst liefert! Im ersten Schritt müssen Sie lediglich aufmerksam zuhören, welche Aufgabe er Ihnen mit auf den Weg gibt. Er verlangt nach einer höheren Produktivität, dann greifen Sie diesen Aspekt heraus. Für Sie als Verkäufer ist jedoch die leichte Bedienbarkeit das wichtigste Argument. Weshalb „belästigen" Sie Ihren Kunden dann mit allen Produktargumenten, die in Ihrem Prospekt nachzulesen sind? Sie können noch so viele davon nennen und vielleicht auch noch stolz darauf sein, dass Sie diese so toll auswendig gelernt haben. Wenn das wichtigste Argument nur eines unter ferner liefen ist, ist es nicht die Aufgabe des Kunden, sich dieses selbst aus der Menge herauszupicken.

Allgemeine Kaufmotive

Neben dem einen, ganz speziellen Kaufmotiv Ihres Kunden gibt es eine ganze Reihe von Dingen, die Menschen dazu bewegen, etwas zu kaufen. Die Wichtigsten will ich Ihnen hier einmal vorstellen:

1. Freude/Glück

Die Schriftsteller sind sich einig, ob aus Deutschland oder Amerika. Berthold Auerbach (1812–82) stellte fest: „Wer keine Freude an der Welt hat, an dem hat die Welt auch keine Freude." Und Ernest Hemingway ergänzte: „Freude ist die Medizin dieses Lebens! Ich freue mich, wenn ich Gutes von anderen höre, wenn irgend jemand auf unserer traurigen Erde glücklich ist, ja selbst, wenn mein Hund mit dem Schwanz wedelt und die Katzen in irgendeiner Ecke zufrieden schnurren." Nicht, dass Sie Ihren Kunden gleich zum „Schnurren" bringen müssen; aber wenn Sie ihm etwas Freude und Glück vermitteln können, wird er lieber bei Ihnen kaufen.

Diese Freude können Sie ihm bereits im Verkaufsgespräch vermitteln und ihn so von manch schwierigem Moment in seinem entscheidungsreichen Leben ablenken. Durch Ihre Begeisterung können Sie ihm bereits im Gespräch einen kleinen Eindruck von dem guten Gefühl vermitteln, das er später mit Ihrem Produkt oder Ihrer Dienstleistung haben wird. Damit kommen Sie einem Ausspruch des deutschen Psychologen, Mediziners und Vertreters der Psychosomatik, Alexander Mitscherlich (1908–82), schon sehr nahe, der sagte: „Glück ist das Zusammentreffen von Phantasie und Wirklichkeit." Oder Sie folgen dem Aufruf des griechischen Philosophen Epikur (341–270): „Wenn du einen Menschen glücklich machen willst, dann füge nichts seinen Reichtümern hinzu, sondern nimm ihm einige von seinen Wünschen."

2. Schmerzvermeidung

Schmerzen wollen wir alle nicht haben, ob dadurch, dass wir gesundheitlich nicht fit sind und langfristig krank werden, ob wir Freunde verlieren oder es im Geschäft nicht so läuft, wie wir uns das vorstellen. Alexander Christiani fasst unser Antriebssystem in seinem Buch „Weck den Sieger in Dir!" (Seite 28) folgendermaßen zusammen: „Unser Gehirn arbeitet mit einem im Selbst- und Arterhaltungstrieb verankerten Betriebssystem, das unser Verhalten steuert. Dieser innere Antrieb ist bei allen Menschen gleich und nutzt bipolare Antriebskräfte: das Bedürfnis, Schmerz zu vermeiden, und den Drang, Lust zu gewinnen. Das Bedürfnis, Schmerz zu vermeiden, ist der stärkere Motivator."

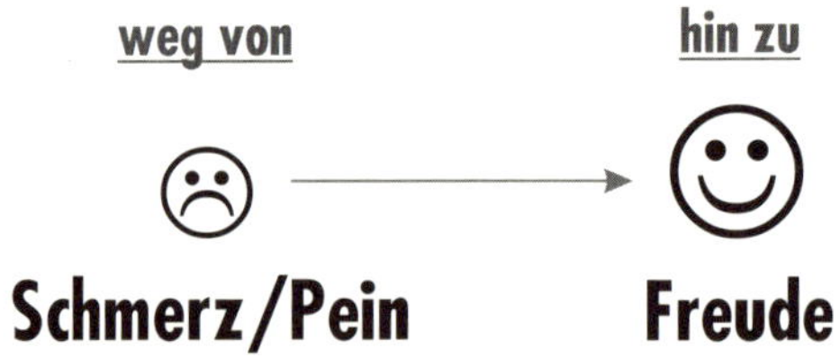

Übertragen auf unsere Anwendung im Verkaufsgespräch bedeutet dies: Sie dürfen Ihrem Kunden nicht nur aufzeigen, welch große Freude er beim Einsatz Ihres Produktes erleben wird, sondern auch, was schlimmstenfalls passiert, wenn er den Kauf nicht tätigt. Bezogen auf unser Beispiel mit der Maschine zur Federnproduktion kann dies z.B. folgendermaßen lauten: „Herr Schneider, wenn Sie einmal eine Maschine aus unserem Haus im Einsatz erlebt haben, werden Sie davon überzeugt sein, dass ein qualitativ so hochwertiges und zuverlässiges (Aspekt Sicherheit vor Standzeiten!) Gerät Sie nicht im Stich lässt. Natürlich hat diese Sicherheit auch Ihren Preis. Andere Kunden hatten sich vorher für das etwas billigere Modell eines Wettbewerbers entschieden und damit sehr viel Ärger. Stellen Sie sich nur einmal vor: Bei Ihnen steht, wie es dort der Fall war, über einen Tag die Produktion still. Ihre Mitarbeiter müssen untätig verharren, Sie können die Produktionsrate nicht mehr aufholen, und ganz unabhängig von den internen Kosten verlieren Sie auch noch Kunden, weil Sie getroffene Lieferzusagen nicht einhalten können." Jetzt verstehen Sie sicher, was es heißt, die Kaufmotive Ihres Kunden – Freude bzw. Schmerz – richtig und für Sie effizient einzusetzen.

3. Bequemlichkeit

Die meisten Menschen lieben die Bequemlichkeit. Ob es nun der gemütliche Sonntagnachmittag auf dem Sofa ist oder im unternehmerischen Umfeld jemand, der einem bestimmte Aufgaben und/oder Verantwortung abnimmt. Steigern Sie bei Ihrem Kunden (zumindest) im ersten Schritt die Vorstellung davon, dass er durch Sie irgendetwas bequemer hat. Zahlreiche Geschäfte nutzen diesen Aspekt, indem sie z.B. einen Geschenkservice anbieten. Sie übernehmen für den Kunden die liebevolle Verpackung der erworbenen Ware oder verschicken diese sogar an eine Wunschadresse. Selbstverständlich mit einer entsprechenden persönlichen Widmung auf der beiliegenden Karte. Viele Produkte versprechen an sich Bequemlichkeit. Von der Fernbedienung sämtlicher elektronischer Geräte bis zum komfortablen Auto, dass einen dank Navigationssystem ohne Schwierigkeiten von A nach B bringt.

4. Anerkennung

Schon Blaise Pascal (1623–1662), der französische Mathematiker und Philosoph, wusste: „Das ganze Glück der Menschen besteht darin, bei anderen Achtung zu genießen." Ein ganz entscheidendes Kaufmotiv ist bei vielen Menschen die Anerkennung. Besonders Luxusgüter, wie hochwertige Autos, exklusiver Schmuck oder besondere architektonische Kunstwerke, ob im Privatbereich oder bei Unternehmensgebäuden, werden so verkauft. Bestimmte Produkte haben einen hohen Prestigefaktor, der eng mit dem Image des Produktes verbunden ist.

5. Zeitersparnis

Stress ist ein Zeichen unserer Zeit. Die meisten Menschen haben ein großes Kaufmotiv. Durch ein Produkt oder eine bestimmte Dienstleistung wollen sie sich mehr Zeit und damit mehr Ruhe und Erholung kaufen. Jedoch ist Vorsicht geboten: Dies kann aus zweierlei Gründen sein: Die einen wollen mehr Zeit mit Ihrer Familie oder Ihren Freunden verbringen und die anderen wollen effektiver arbeiten. Diese Differenzierung müssen Sie durch Fragen herausfinden, bevor Sie entsprechende Argumente liefern.

6. Kostenersparnis

Ganz bewusst habe ich den finanziellen Aspekt als letzten Punkt genannt, weil dieser bei vielen Verkäufern im Kopf der wichtigste ist, wobei dies bei vielen Kunden ein Kaufmotiv ist, das hinten ansteht. Natürlich müssen Sie es jedoch auch wissen, damit Sie bei entsprechenden Aussagen des Kunden auch reagieren können. Achten Sie also darauf, ob das Wort Umsatzsteigerung oder Kostensenkung fällt. Dann möchte Ihr Kunde vielleicht die Gewinnspanne steigern. Helfen Sie ihm dabei, entweder durch Ihr Produkt (sinkende Produktionskosten durch Kauf der Maschine) oder durch zusätzliche Serviceleistungen (all-inclusive und dadurch Kostenersparnis für den Kunden).

Meistens kennen Sie Ihre Kunden ja sowieso relativ gut und wissen, was diese wollen und brauchen. Sind es Neukontakte, ist es ebenfalls Ihre Aufgabe, bereits im Vorfeld so viel als möglich über das Unternehmen oder die Person herauszufinden. Und alles, was Sie noch nicht wissen, müssen Sie jetzt klären. Die Bedarfsermittlungsphase ist genau dazu da: Um Bedürfnisse zu erkennen und/oder Wünsche zu wecken. Und dazu brauchen Sie nur ein Mittel: Fragen, Fragen und nochmals Fragen.

7.2 Fragen, Fragen, Fragen ...

Kunden wissen nicht, was Sie ihnen bieten können. Und Sie wissen nicht, was Kunden aus Ihrem Repertoire genau brauchen. Deshalb müssen Sie es erfragen. Wer fragt, der führt. Dieser alte Leitsatz steht in jedem halbwegs kompletten Schulungsbuch für Verkäufer. Doch wie ein guter Verkäufer seinen Kunden fragt und auf was er achten muss, wird seltener gelehrt. Hier sind die wichtigsten Antworten zu Fragen rund um's Fragen.

Bitte kein Verhör

Das Maß macht das Gift oder die Medizin! Setzen Sie Fragen deshalb dosiert ein. Bei zu vielen Fragen fühlt der Kunde sich wie bei einem Verhör; zu wenig Fragen liefern Ihnen als Verkäufer nicht die benötigten Informationen. Wir reden so viel, und gerade Verkäufer neigen dazu, immer noch zu viel von sich, dem eigenen Unternehmen, dem wunderbaren Produkt oder der einmaligen Dienstleistung zu sprechen. Hören Sie doch lieber einmal zu und stellen zum richtigen Zeitpunkt die richtige Frage. Dann bekommen Sie auch die richtige Antwort und sind dadurch dem Abschluss einen gewaltigen Schritt näher gekommen. Fragen helfen Ihnen dabei:

- Interesse am Kunden zu zeigen,
- Informationen zu erhalten,
- Zeit zu gewinnen,
- vom Monolog zum Dialog zu kommen,
- das Verkaufsgespräch zu lenken,
- Missverständnisse aufzuklären,
- Bedürfnisse zu wecken.

Und nicht zuletzt können Sie durch (Gegen-)Fragen manchmal sogar Zeit gewinnen.

Das innere Kaufgespräch steuern

Geschickte Verkäufer können durch geschickte Fragen beeinflussen, woran der Kunde denkt, und so das innere Kaufgespräch des Kunden steuern. Sie fragen sich vielleicht, was das innere Kaufgespräch ist? Das ist einfach der innere Dialog des Kunden, der nicht nur nach außen mit Ihnen als Verkäufer spricht, sondern auch mit sich selbst: „Soll ich mir das nun wirklich kaufen? Brauche ich dieses Produkt wirklich? Ist unsere Produktion mit der anderen Maschine schneller?“ Je nachdem, ob der innere Dialog nun positiv oder negativ ausfällt, fällt auch eine Kaufentscheidung eher negativ oder positiv aus.

Genau an dieser Stelle tritt der Verkäufer auf den Plan und hilft durch seine Fragen dem Kunden, die für ihn (den Kunden, nicht den Verkäufer!) richtige Entscheidung zu treffen. Allerdings nur dann, wenn der Kunde auch dazu bereit ist, die Fragen zu beantworten. Wenn er sich innerlich dagegen sperrt, haben Verkäufer nur wenig Chancen, eine (sinnvolle und auswertbare) Antwort zu bekommen.

Leitfragen weisen den Weg

Für Verkäufer sind immer zwei Dinge entscheidend! Nein, nicht welches seiner Produkte er welchem (Neu-)Kunden verkauft. Sondern,

- → was der Kunde will und
- → aus welchen Gründen er genau das will.

Nur aus diesem Zusammenhang heraus kann er dann dem Kunden auch genau das Richtige aus seinem Repertoire anbieten.

Fragen will gelernt sein! Natürlich kann jeder von uns Fragen stellen, so wie jeder es irgendwie schafft, ein Gespräch am Laufen zu halten. Darin sind dem Einzelnen, je nach Wissensgrad und Praxiserfahrung, Grenzen gesetzt. Doch Fragen können Sie lernen, und mit etwas Übung werden Sie ein Meister der Fragetechniken und entlocken dem Kunden damit jedes Geheimnis ... zumindest jedes, das Ihnen beim Verkauf weiterhelfen kann.

Grundsätzlich unterscheidet man bei den Fragearten zwischen

- → offenen und
- → geschlossenen

Fragen. Letztere lassen dem Kunden nur die Wahl zwischen Ja und Nein. Und noch vor gar nicht allzu langer Zeit wurde Verkäufern empfohlen, dem Kunden möglichst nur geschlossene Fragen zu stellen, die dieser mit Ja beantworten konnte (Ja-Fragen-Straße). Doch diese Zeiten sind Gott sei Dank längst vorbei. Heute gilt es, durch offene Fragen möglichst viele Informationen vom Kunden zu bekommen, um ihm auch wirklich genau das anbieten zu können, was er sich vorstellt.

Offene Fragen bieten hier ein breites Spektrum und werden z.B. mit den W-Worten eröffnet:

- → „Wie viele Maschinen haben Sie in der Produktion?"
- → „Wann haben Sie zuletzt eine Investition in der Größenordung getätigt?"
- → „Was wünschen Sie sich?"
- → „Wie meinen Sie das genau?"
- → „Warum" sollten Sie besser ersetzen durch: „Aus welchen Gründen glauben Sie, dass Sie keine neuen Maschinen benötigen?"

Bei der Beantwortung steht dem Kunden frei, was er sagt – positiv wie negativ und welcher Inhalt auch immer. Der Verkäufer nimmt nur auf, speichert und entscheidet wiederum durch gezielte Nachfrage, welche Fakten für das spätere Verkaufsgespräch wichtig sind.

Anders bei *Suggestiv-Fragen.* Hier lenkt der Verkäufer den Kunden ganz gezielt in eine bestimmte Richtung:

- „Das ist doch wirklich eine ...?"
- „Ist das nicht ...?"
- „Glauben Sie nicht auch, dass ...?"
- „Wollen Sie wissen, aus welchen Gründen uns andere Kunden als Marktführer im Bereich XYZ ausgesucht haben?" (*Unterstellung:* Wir sind Marktführer im Bereich XYZ.)

Kunden neigen dazu, diese Fragen – weil durch den Verkäufer so suggeriert – mit Ja zu beantworten. Und schon lenkt der Verkäufer das innere Kaufgespräch des Kunden in die gewünschte Richtung. Aber Vorsicht: Wenn der Kunde zwar nach außen „Ja" sagt, innerlich jedoch ein striktes „Nein" denkt, hilft es Ihnen als Verkäufer auch nicht weiter. Kunden reagieren manchmal aus einem Gefühl: „Der will mir nur etwas andrehen" oder: „Verkäufern kann man nicht vertrauen" heraus so – und es ist für Verkäufer sehr schwer, aus dieser Einschätzung der potenziellen Käufer herauszufinden. Es sollte Sie allerdings stutzig machen, wenn es Ihnen bei einem und demselben Kunden häufiger passiert, dass dieser Ihre Ideen zwar bejaht, hinterher jedoch keinen Auftrag vergibt, zumindest nicht an Sie! Versuchen Sie zu ergründen, woran dies liegt und ob er vielleicht durch eine schlechte Erfahrung in der Vergangenheit Probleme damit hat, einem Verkäufer sein Vertrauen zu schenken. Es mag ein langer Prozess sein, das Vertrauen dieses Kunden zu gewinnen, doch gerade aus derartigen Konstellationen sind schon die besten Geschäftskontakte gewachsen.

Unklare Komponenten klären

Viele Kundenäußerungen haben eine unklare Komponente. Dazu ein Beispiel: Eine Kundin betritt ein Fachgeschäft und sagt zu dem Verkäufer: „Ich bin auf der Suche nach einem neuen, schicken Mantel. Irgendeinem, der zu meinem Stil passt." Ein ganz normaler Gesprächseinstieg bei einem Verkaufsdialog. Und statt nachzufragen und die unklaren Komponenten (schicker Mantel, zu meinem Stil) zu klären, gehen mindestens 90 Prozent der Verkäufer los und führen die Kundin zu einem Ständer mit Mänteln. Dabei ist der Wunsch der Kundin doch eher allgemein formuliert und könnte durch geschickte Fragen detailliert werden, z.B.:

- „Haben Sie bestimmte Vorstellungen, wie der Mantel aussehen und aus welchem Material er sein soll?"
- „Brauchen Sie den Mantel für einen bestimmten Anlass?"
- „Zu welcher Jahreszeit möchten Sie den Mantel tragen?"
- „Was ist denn Ihr bevorzugter Stil?" (Schließlich kann es sein, dass die Kundin zwar heute im Jeans-Freizeitlook einkauft, ansonsten aber eher Business-Kleidung benötigt!)

Ich empfehle Ihnen, einige unklare Komponenten aufzuschlüsseln, dann haben Sie für Ihre zukünftigen Verkaufsgespräche schon die eine oder andere Frage vorformuliert:

1. „Könnten Sie mir mal Ihre Tapetenmuster zeigen?"

Unklarheit(en):

1. ______________________________

2. ______________________________

Mögliche Fragen:

1. ______________________________

2. ______________________________

3. ______________________________

2. „Ich wollte eigentlich nur mal schauen, was Sie an Badezimmerteppichen haben."

Unklarheit(en):

1. ______________________________

2. ______________________________

Mögliche Fragen:

1. ______________________________

2. ______________________________

3. ______________________________

3. „Ich hätte gerne eine neue Pack-Maschine für unsere Produktion."

Unklarheit(en):

1. ____________________

2. ____________________

Mögliche Fragen:

1. ____________________

2. ____________________

3. ____________________

Wenn es darum geht, im Verkaufsgespräch an der richtigen Stelle die richtigen Fragen zu stellen, gibt es kein Universalrezept. Was es allerdings gibt, ist eine Vielzahl an Fragearten und Möglichkeiten, wie Sie durch geschickte Fragen Motive ergründen und Probleme erforschen. Wie bei so vielen Dingen im Leben eines Verkäufers gilt auch hier: Übung macht den Meister und verschafft Ihnen die Sicherheit, in jeder Situation intuitiv die richtige Frage parat zu haben. Die Qualität der Fragen bestimmt die Qualität der Antworten. So gesehen haben Sie es in der Hand, von Ihren Kunden genau die Informationen zu erhalten, die Sie benötigen, und Ihre Kunden durch Fragen genau dorthin zu lenken, wo es für Sie beide sinnvoll ist. Natürlich ist Einfühlungsvermögen gefragt, denn nicht in jeder Situation ist jede Frage angebracht. Fragen Sie, wenn Sie Antworten brauchen. Und wenn Sie dies mit Verstand und Gefühl machen, wird Ihnen Ihr Kunde alles Wesentliche – und das auch noch gerne – verraten.

7.3 Consultative Selling

Vertriebe, die sich nur auf den reinen Absatz und Verkauf konzentrieren, werden es zukünftig schwer haben. Consultative Selling heißt das neue Schlagwort aus den USA. Consultative Selling bedeutet, dass der Verkäufer zum Berater wird und der Kunde sich schließlich das Produkt oder die Dienstleistung, die er erwerben soll, selbst erklärt. Der Kunde kann sich gegen fast jede Aussage des Verkäufers wehren, nicht aber gegen seine eigenen Argumente.

Ein verschärfter Wettbewerb und wachsender Kostendruck verändern bereits seit geraumer Zeit die grundsätzliche Einstellung des Verkäufers und des Vertriebsunternehmens. Weg vom Verkauf, hin zum aktiven Beraten und Begleiten des Kunden auf dem Weg zur Erfüllung seiner Wünsche und Bedürfnisse – das ist die aktuelle Entwicklung. Es geht nicht mehr nur darum, dem Kunden ein Produkt zu erklären und im Anschluss um den Preis zu feilschen. Es geht darum, gemeinsam mit dem Kunden einen Wertschöpfungsprozess zu gestalten. Dies wird nicht immer nur durch ein Produkt möglich sein. Deshalb entwickeln sich immer mehr Unternehmen hin zu Serviceleistern und bieten rund um das Produkt weitere Dienstleistungen an.

Was passiert, wenn ...

... ich dieses Produkt nicht kaufe? Haben Sie schon einmal versucht, Ihrem Kunden zu helfen, sich diese Situation vorzustellen? Stopp? Sie sollen ihm nicht erzählen, was passieren kann, wenn er das Produkt nicht kauft. Sie sollen ihn lediglich durch geschickte Fragen dahin führen, dass er es sich selbst erklärt und vorstellen kann, was passieren wird. Ein kleines Beispiel: Sie verkaufen Software, ein Computerprogramm, das dafür sorgt, dass Unternehmen keine Produktionsausfälle haben. Natürlich gibt es auch einen Wettbewerber, der ein ähnliches Produkt kostengünstiger anbietet. Natürlich stellt sich Ihr Kunde die Frage, warum er ausgerechnet bei Ihnen das teurere Produkt kaufen soll. Stellen Sie ihm doch einfach folgende Frage „Welche Kosten entstehen denn, wenn für zwölf Stunden Ihre Maschinen stillstehen? Ihre Mitarbeiter sind zur Untätigkeit verdammt. Könnten Sie Ihrem Auftragseingang noch nachkommen?“ Ihr Kunde muss regelrecht spüren, dass diese Situation eine große Katastrophe wäre. Er muss sich vorstellen können, wie Kunden bei ihm anrufen und sich beschweren, weil er nicht liefern kann. Er muss seine Mitarbeiter untätig herumsitzen sehen. Er muss seine Abrechnung von der Buchhaltung sehen mit einem dicken Minus ... Dieses Schmerzes bedarf es, damit er sicher ist, dass er die richtige Entscheidung trifft, wenn er bei Ihnen kauft. Natürlich nehmen Sie ihm diesen Schmerz auch wieder, indem Sie sagen, dass genau jenes nicht eintreffen kann, wenn er sich für Sie als kompetenten

Partner entscheidet. Sie können sicherstellen, dass jedes Problem innerhalb einer Stunde gelöst wird und die Maschinen wieder laufen. Das ist Consultative Selling: Ihr Kunde erklärt sich die Notwendigkeit, Ihr Produkt zu besitzen, einfach selbst. Sie erstellen zusammen mit ihm lediglich durch Fragen eine Ist-Analyse, klären Stärken und Schwächen seines Systems, lassen ihn selber den Schmerz (bei Nichtkauf) spüren und helfen ihm wiederum, dieses negative Gefühl zu verlassen, indem er sich für Ihr Produkt entscheidet.

Wie Sie bei der Geschichte erkannt haben, ist die Consultative-Selling-Strategie entscheidend, wenn Ihre Produkte hochpreisig und vor allem beratungsintensiv sind. Dann diskutieren Sie mit Ihrem Kunden nämlich nicht mehr, ob Ihr Produkt nun einen Euro billiger oder teurer ist. Der finanzielle Aspekt wird für den Kunden eher eine untergeordnete Rolle spielen, wenn er erkannt hat, welche enormen Vorteile ihm Ihr Produkt bietet.

Zur Vertiefung in diese Thematik empfehle ich Ihnen das Buch von M. Hanan: *Consultative Selling* (siehe Literaturverzeichnis).

7.4 Der Preis bestimmt den Wert

Gerade im Verdrängungswettbewerb haben Verkäufer immer wieder mit dem Thema Preis zu kämpfen. Gerade bei Verkaufsgesprächen mit professionellen Einkäufern spielt des Thema Preis eine, wenn nicht die entscheidende Rolle. Verkäufer müssen deshalb wissen, wie Sie Preisverhandlungen erfolgreich gestalten.

Eines vorab: Wenn es Ihnen gelingt, in den vorhergehenden Phasen des Verkaufsgespräches bzw. -prozesses einen guten Draht zum Kunden aufzubauen, dieser Sie als zuverlässigen Partner kennt und die bisherigen Geschäfte ihn immer begeistert haben, ist das Thema Preis kein so heißes Thema, wie wenn Sie eben nur ein austauschbarer Verkäufer unter vielen für Ihren Kunden sind.

Vier Erfolgstipps weisen Ihnen den Weg zu einer erfolgreichen Preisverhandlungsstrategie:

1. Es lässt sich nicht vermeiden, während der Geschäftsverhandlung über den Preis zu reden. An erster Stelle sollte jedoch der Wert für den Kunden kommuniziert werden.
2. Der Verkäufer muss genau wissen, was er erreichen will und auf welchen Preis er sich notfalls „drücken" lassen kann. Eine exakte Planung der Verhandlungen ist unverzichtbar: Was sind die Ziele? Wie sieht der Prozess aus?
3. Generell gilt: Wer besser informiert ist, der gewinnt. Der Verkäufer muss über seinen Verhandlungspartner bessere Informationen haben als dieser über ihn.
4. Eine wirkungsvolle Argumentation ist nur möglich, wenn der Verkäufer genaue Kenntnis über Wettbewerbsprodukte und deren Preise hat.

Als Verkäufer müssen Sie eines bedenken: Was zählt, ist die Wahrnehmung – nicht die Realität. Und wenn Ihr Kunde diese Realität nicht erkennt, weil Sie diese vielleicht für selbstverständlich halten und nicht kommunizieren, wird er natürlich auch den Preis in Frage stellen. Es kann sein, dass ein Produkt eine bestimmte Eigenschaft besitzt. Es nutzt jedoch nichts, wenn diese Eigenschaft vom Verhandlungspartner, etwa auf Grund einer mangelhaften Kommunikation, nicht wahrgenommen wird. Fragen Sie deshalb lieber einmal öfter nach, ob Sie bestimmte Zusammenhänge für den Kunden deutlich machen konnten.

Früh übt sich, ...

Sprechen Sie frühzeitig mit Ihrem Kunden über seinen finanziellen Spielrahmen. Welche Leistungen erwartet er innerhalb seiner wirtschaftlichen Möglichkeiten. Dann haben Sie die Möglichkeit, das Angebot auf diese Vorgaben auszurichten. Es nützt ihm und Ihnen wenig, wenn Sie ihm ein Luxus-Angebot unterbreiten und er sich eher im Low-Budget-Bereich bewegt und umgekehrt. Wenn Sie aus dem Bauch heraus vielleicht von einem kleinen Unternehmen mit geringem Etat ausgehen, Ihr Kunde aber gerade Mittel locker gemacht hat und eine enorme Investitionssumme an den Mann bzw. das Unternehmen bringen will, gehen Ihnen vielleicht auch spannende Umsätze verloren.

Zusammenfassung
Kapitel 7: Checkpoint 4: Die Bedarfsermittlungsphase

1. Des Kunden Wunsch ist des Verkäufers Befehl!

2. Erfolgreiche Verkäufer sind Erfüllungsgehilfen!

3. Bedürfnisse erkennen, Wünsche wecken – erst dann geht´s weiter im Verkaufsprozess!

4. Kaufmotive steuern unsere Kauflust, -freude oder -reue!

5. Offene Fragen schaffen Klarheit und weisen den Weg zum Abschluss!

6. Die beiden Leitfragen „Was will der Kunde?“ und „Aus welchen Gründen will er das genau?“ bilden eine wertvolle Basis für jedes Verkaufsgespräch!

7. Auch bei Fragen macht das Maß das Gift bzw. die Medizin – deshalb bitte kein Verhör!

8. Zuhören, Notizen machen, festhalten – alles kann hinterher für den Kunden verwendet werden!

9. Kunden liefern ihr (Ver-)Kaufsargument häufig selbst!

10. Der Preis ist kein Argument, er bestimmt jedoch den Wert!

Die drei wichtigsten Punkte für mich:

1.

2.

3.

Mein Umsetzungsplan:

Folgende Ideen werde ich umsetzen:

Noch heute:

Morgen:

In der nächsten Woche:

8 Checkpoint 5: Die Überzeugungsphase

In dieser Phase ist es wichtig, den Kunden aktiv einzubeziehen. Er muss das Gefühl haben, er gestaltet jetzt ganz alleine, was er möchte und von Ihnen auch bekommt. Zeigen Sie ihm verschiedene Produkte auf, wenn er anhand eines einzelnen Produktes entschieden hat, was daran für ihn gut ist und was er noch zusätzlich braucht. Am Schluss hat er ein Produkt, das er sich bewusst ausgesucht hat, und entschließt sich unbewusst bereits zum Kauf. Dadurch haben Sie es später einfacher, ihm ein Angebot zu unterbreiten und mit ihm weitere Konditionen abzustimmen.

Fordern Sie Ihren Kunden in dieser Phase ruhig auch einmal direkt auf, etwas aufzuzeichnen oder Ihnen auf eine andere Art anschaulich zu erklären oder zu zeigen, was er gerne hätte, wie er sich das Endprodukt Ihrer Zusammenarbeit vorstellt und was er sich sonst rund um das Produkt vorstellen könnte. Lassen Sie ihn mit den Händen arbeiten, fordern Sie ihn zum Handeln auf. Lassen Sie ihn durch geschickte Gesprächsführung Schlüsselwörter Ihres späteren Angebots selbst aussprechen, und Sie werden merken, dass er sich von selbst immer näher an das Produkt führt und es letztlich wirklich haben will.

8.1 Den Kunden aktiv einbeziehen

Verkaufen und überzeugen sind zwei nahe verwandte Wörter und gehören unmittelbar zusammen. Auch ein noch so erfolgreicher Verkäufer kann nichts verkaufen, wenn der Kunde nicht überzeugt ist. Aufgabe des Verkäufers ist es, dem Kunden zu helfen, eine für ihn (den Kunden) sinnvolle Kaufentscheidung zu treffen. Eine der wichtigsten Fragen für den Verkäufer muss also lauten: „Was hat mein Kunde davon?" Wenn diese Frage des Nutzens geklärt ist, muss ein Verkäufer, denn das ist seine Aufgabe, sein ganzes Können dazu verwenden, dass der Kunde mit einem guten Gefühl abschließt.

Machen Sie Ihren Kunden zum Beteiligten

Der Verkäufer muss in dieser Phase des Gesprächs dafür sorgen, dass der Kunde aus sich herausgeht, dass er aktiv am Geschehen beteiligt ist. Der Verkäufer aktiviert und führt den Kunden und nimmt sich selbst zurück. Ihr Verkaufsgespräch wird umso erfolgreicher sein, je aktiver Ihr Kunde beteiligt ist. Er selbst verkauft sich dann das Produkt und nicht Sie. Er liefert Ihnen die notwendigen Argumente, die Sie vor dem Abschluss nur noch einmal zusammenzufassen brauchen. Sich selber wird er ja kaum widersprechen, oder?

„Menschen können sich gegen alles wehren, was andere sagen, aber Menschen sind offen dem ausgeliefert, was sie zu sich selbst sagen." – nach *Alexander Christiani*

„Man lässt sich gewöhnlich lieber durch Gründe überzeugen, die man selbst gefunden hat, als durch solche, die anderen in den Sinn gekommen sind." – *Blaise Pascal*

Überzeugungsarbeit kann nicht standardmäßig geleistet werden. In diesem Moment zeigt es sich, wie gut Sie die vorhergehenden Phasen zusammen mit Ihrem Kunden durchlaufen haben. Sie müssen einen guten Draht zum Kunden aufgebaut haben, um ihn überzeugen zu können. Sie haben in jeder Situation Ihr Ziel vor Augen und gehen Schritt für Schritt darauf zu.

Prof. Werner Correll beschreibt in seinem Buch „Motivation und Überzeugung in Führung und Verkauf" ein sinnvolles Modell: „Der Verkäufer muss (...), nachdem er den Kunden allgemein für das Angebot motiviert hat und an seine Interessenlage angeknüpft hat, das Angebot mit einem bestimmten Begriff versehen, es klar umreißen und so ein auf die Interessenlage des betreffenden Kunden zugeschnittenes Spezialangebot formulieren." Sprachen Sie vorher noch von Produktionsmaschinen, ist jetzt die Rede von „MSFM Mayers Spezial-Feder-Maschine". Danach, so Correll, ist es besonders wichtig, „dass der Kunde spontane Stellungnahmen zum definierten und motivierten Angebot kundtut". Dies geschieht vor allem deshalb, weil davon auszugehen ist, dass es irgendwelche Einwände oder Fragen gibt. Werden diese nicht jetzt gestellt, kommen sie spätestens beim Abschluss oder sogar noch danach durch Kaufreue. Deshalb werden logischerweise diese Einwände zuvor entkräftet, und zwar bis zum letzten Thema, das den Kunden noch vom Kauf abhält.

Argumente ersetzen den Zwang

In der Überzeugungsphase müssen Sie Ihrem Kunden nicht nur etwas präsentieren, sondern womöglich auch gegen eine feste Überzeugung antreten. Dies kann am effektivsten durch eine saubere Argumentation geschehen. Denn eine reine Aneinanderreihung von Produktmerkmalen ist noch lange keine Argumentation. Viel hilfreicher ist es, die Idee hinter dem Produkt aufzuspüren. Ein vielfach zitiertes Beispiel an dieser Stelle: Sie verkaufen eben nicht den Schlagbohrer, sondern das Loch in der Wand. Oder anders ausgedrückt: Sie verkaufen keine Nacht-Creme, sondern das faltenfreie Gesicht. Sie verkaufen keine Fitnessgeräte, sondern Gesundheit und Schönheit. Sie verkaufen kein Verkaufsseminar, sondern mehr Abschlüsse und die steile Verkaufskarriere. Heinz Beck definiert in seinem Buch *Meisterschule für Verkäufer* Argumentation so:

- „Den Produktnutzen herauszuarbeiten,
- der den individuellen Kundenbedürfnissen Rechnung trägt,
- Kundenprobleme lösen hilft und
- Kaufmotive des Kunden anspricht und
- schließlich die Kauflust des Kunden weckt." (S. 216)

Eine Argumentation hilft Ihnen nicht nur dabei, sich selbst eine klare Struktur zu verschaffen, sondern auch, dass der Kunde Ihnen in Ihren Ausführungen folgen kann. Und dies ist schließlich das Wichtigste überhaupt. Sie sollen keine hochgeistigen Monologe führen, sondern Ihrem Kunden möglichst transparent darlegen, auf was es genau ankommt. Außerdem kann die Kenntnis von Argumentationsarten Ihnen dabei helfen, auch in kritischen Gesprächssituationen nicht den Faden zu verlieren. Üben Sie folgende Muster und Sie werden es in Zukunft noch leichter haben, Ihren Kunden von etwas zu überzeugen, was zu seinem Besten ist, auch, wenn er es noch nicht wissen sollte.

1. Argumentation über Zusammenfassung

Während des Gesprächs haben Sie mehrere Kaufmotive herausgearbeitet. Bei der Argumentation fassen Sie diese nun zusammen. Analog zum ersten Eindruck und dem

Spruch: „Der erste Eindruck ist entscheidend, der letzte bleibt haften" nennen Sie bitte die Motive in umgekehrter Reihenfolge. Sie beginnen mit dem schwächsten Kaufmotiv und enden mit dem stärksten, weil dies den Kunden dadurch zum Abschluss führen soll.

Beispiel:

- „Drei entscheidende Faktoren sollten Sie bei Ihren Überlegungen berücksichtigen:
- Punkt 1: ...
- Punkt 2: ...
- Punkt 3: ...
- Deshalb sollten Sie sich für ... entscheiden."

2. Argumentation über logische Schlussfolgerung

Gegen eine logische Argumentationskette kann sich keiner wehren, vorausgesetzt, die emotionale Basis stimmt. Denn die überwiegende Anzahl von Kaufentscheidungen wird emotional getroffen. Sollte dies jedoch nicht ausreichen, müssen logische Gründe nachgeschoben werden. Dies können Sie z.B. folgendermaßen tun:

- „Ich denke, dass ...
- Das lässt sich dadurch begründen, dass ...
- [Neutrales Beispiel]
- Daraus ergibt sich folgende Schlussfolgerung: ...
- Frage: Was halten Sie davon?"

3. Argumentation über Entweder-Oder

Kunden haben ein Problem oder eine Anforderung. Was gibt es besseres, als wenn Sie dieses Problem oder diese Anforderung gleich auf zwei verschiedene Arten lösen können? Stellen Sie diese Ihrem Kunden vor, dann hat er das Gefühl, dass er keine weiteren Angebote braucht, weil er ja auch bei Ihnen die Wahlmöglichkeit hat. Natürlich lenken Sie ihn bei der Zusammenfassung auf die Ihrer Meinung nach für ihn bessere Lösung. Hier die Struktur:

- Gemeinsamkeit: „Wir stellen uns gemeinsam vor, dass ..."
- Behauptung: „Einerseits bedeutet das, ..."
- Gegenbehauptung: „Andererseits jedoch ..."
- Schlussfolgerung: „Vergleichen wir beide Punkte/Meinungen ..."
- Logisches Ergebnis: „Daraus ergibt sich folgende Lösung: ..."

Überzeugen statt überreden

Überzeugen heißt nicht überreden! Früher war derjenige der beste Verkäufer, der einfach alles an den Mann oder die Frau brachte und sogar Eskimos ein Eis oder eine Kühltruhe verkaufte. Nicht das Interesse des Kunden stand dabei im Vordergrund, sondern einzig und allein die Abschlussquote. Natürlich gibt es auch heute noch einzelne Verkäufer dieser Art, die nur auf der Jagd nach Provisionen sind und denen ein kurzfristiger Abschluss wichtiger ist als eine langfristige Kundenbeziehung. Diese Verkäufer leben nach dem Motto: „Es muss eben jeden Tag nur ein »Dummer« aufstehen!" Fragt sich nur, wer langfristig der Dumme ist.

Den meisten Verkäufern jedoch liegt das Wohl des Kunden am Herzen. Sie bemühen sich, eine gute Lösung anzubieten und sind faire Partner.

Sicher erinnern Sie sich noch an unsere Sinneskanäle und den Unterschied, wie Menschen Informationen aufnehmen. Jetzt können Sie von diesem Wissen profitieren. Lassen Sie Ihren Kunden, ganz nach seinem bevorzugten Sinneskanal, teilhaben. Lassen Sie ihn das Produkt und die Dienstleistung, wenn möglich, sehen, lassen Sie ihn das Geräusch der Maschine hören, lassen Sie ihn fühlen, was es heißt, dieses Produkt zu besitzen. Er muss mit allen Sinnen dabei sein.

8.2 Das Kopfkino des Kunden

Im Kopf Ihres Kunden muss während der Überzeugungsphase ein Film ablaufen. Er muss sich schon mit dem Produkt sehen, muss riechen, wie es ist, wenn das Öl der Maschine heiß wird und der „Duft“ durch die ganze Produktionshalle strömt. Er muss fühlen, wie die Erde unter seinen Füßen vibriert, wenn die Maschine anläuft. Er muss die begeisterten Gesichter seiner Mitarbeiter sehen, die mit Freude die Maschine bedienen, und die Dankesschreiben seiner Kunden lesen, die die Qualität der produzierten Teile loben. Erst wenn dieses Kopfkino des Kunden anläuft und ihn mitten im Spielfilm verweilen lässt, haben Sie Überzeugungsarbeit vom Feinsten geleistet. Sicher wollen Sie jetzt wissen, wie Sie dies am leichtesten erreichen, oder?

Nachfolgende sechs Tipps weisen Ihnen den Weg zum Regisseur:

➜ *Drehbuch aufbereiten* – Sie können Ihre „Schauspieler“ nur unterstützen, wenn Sie selbst ein klares Bild vor Ihrem inneren Auge haben, wohl wissend, dass Ihr Kunde ein ganz anderes Bild haben kann. Bereiten Sie für sich ein Drehbuch auf, in dem Sie jedes noch so kleine Detail festhalten. So bekommen Sie Routine, werden sicherer und übertragen diese innere Sicherheit auch auf Ihre „Schauspieler“.

➜ *Schauspieler auswählen* – Haben Sie die richtigen Mitspieler? Es nützt wenig, Ihre ganze Energie auf einen Ansprechpartner zu „verschwenden“, der vielleicht gar nicht entscheiden kann und darf.

➜ *Rollen verteilen* – Verteilen Sie im Gespräch die Rollen. Sie sind der Regisseur, der im Verkaufsprozess hilfreich zur Seite steht, Anregungen gibt und ansonsten den Schauspieler die Rolle erarbeiten lässt. Bei mehreren Gesprächspartnern müssen Sie wissen, wer Ihr Hauptdarsteller ist. Lassen Sie einen Starkult zu, jedoch bedenken Sie auch, dass ohne „Statisten“ kein Film möglich ist.

➜ *Drehort aufsuchen* – Suchen Sie sich grundsätzlich einen schönen Platz, um mit Ihrem Star zu „arbeiten“. Das äußere Umfeld ist wichtig, damit er sich auch innerlich in einen schönen Film versetzen kann. Nur wenn er sich wohl fühlt, kann die Show beginnen. Um sowohl äußerlich als auch innerlich das Kino im Kopf zu aktivieren, müssen Sie bereits im Vorfeld wichtige Informationen eingeholt haben und dann nutzen.

➜ *Proben durchführen* – Stellen Sie sich darauf ein, dass es manchmal nicht nach der ersten Probe (Gespräch) gleich zur Aufführung (Abschluss) kommt. Überfordern Sie Ihre Schauspieler nicht, sondern lassen Sie sich gemeinsam Entwicklungsmöglichkeiten.

→ *Premiere* – Genießen Sie das Kribbeln im Bauch vor der Premiere. Die Aufregung gehört dazu, damit es dann auch reibungslos läuft. Und dann lassen Sie es auch laufen. Behindern Sie sich nicht selbst und lassen Sie auch Ihre Kunden agieren. Sie bleiben im Hintergrund und genießen den Applaus, wenn der Vorhang fällt.

Wahrnehmungen nutzen

Die Wahrnehmungen des Kunden werden durch seine Erfahrungen beeinflusst. Sie können z.B. so durch ein ganz bestimmtes Wort erreichen, dass im Kopf Ihres Kunden ein Film abläuft. Sicher kennen Sie das auch aus eigener Erfahrung. Die ersten Takte eines bestimmten Liedes genügen und Sie sind mitten drin in Ihrer ersten Romanze. Und wenn ein bestimmter Duft in Ihre Nase steigt, dann sind Sie in Gedanken gleich wieder am Urlaubsort. Wenn dies alles so einfach passiert, können Sie es doch auch ganz bewusst steuern. Natürlich brauchen Sie dazu bestimmte Informationen über Ihren Kunden, seine Wünsche, Probleme und Visionen.

Gerade bei der Präsentation Ihres Produktes oder Ihrer Dienstleistung steht es Ihnen frei, alle Register zu ziehen und den Film im Kopf Ihres Kunden zum Abspielen zu bringen. Stellen Sie sich nur einmal vor, Ihr Kunde ist ein begeisterter Hobby-Koch und Sie wollen ihm ein ebenso sündhaft teures wie geniales Kochtopf-Set verkaufen. Legen Sie los und erzählen Sie Ihrem Kunden doch einfach, wie seine nächsten Gäste von seinem Menü hin und weg sein werden. Beschreiben Sie ihm seine Gefühle, wenn er merkt, wie viel Spaß es macht, mit diesen Töpfen immer genialere Gerichte auf den Tisch zu zaubern. Wie er mit einem Lächeln auf den Lippen am Herd steht. Wie er seine große Liebe nach dem einmaligen Genuss verführen kann. Und wie sich der lästige Abwasch fast ganz von alleine macht. Versetzen Sie ihn in einen Film, in dem er mit allen Sinnen genau das erlebt, fühlt, schmeckt und riecht, was er so gerne möchte.

8.3 Überzeugen durch Zuhören

Zuhören können die wenigsten Menschen. Und die meisten Verkäufer sprechen auch lieber, als dass Sie einfach mal den Kunden erzählen lassen und diesen durch Fragen immer wieder dazu auffordern, Ihnen genau die Geheimnisse zu verraten, die Sie für die Überzeugungsphase brauchen. Dabei wäre es so leicht. Nicht umsonst hat uns der liebe Gott zwei Ohren und nur einen Mund gegeben. Wenn Sie als Verkäufer diese „spitzen" und nicht schon gedanklich bei Ihrem nächsten Argument sind, lernen Sie von Gespräch zu Gespräch, besser zuzuhören.

Vom Hinhören zum aktiven Zuhören

Nur dem Klang der Worte zu lauschen, die Ihr Gegenüber von sich gibt, reicht nicht aus. Hören Sie einmal zwischen den Zeilen. Beim aktiven Zuhören versetzen Sie sich in den Gesprächspartner, denken und fühlen mit ihm und geben ihm so zu verstehen, dass Sie an seiner Meinung interessiert sind, dass seine Aussage für Sie Gewicht hat. Dabei gibt es verschiedene Strategien, wie Sie dies Ihrem Gesprächspartner natürlich vermitteln können:

1. Wiederholung und Zusammenfassung

Hier fassen Sie die Aussage Ihres Kunden noch einmal mit Ihren eigenen Worten zusammen, z.B.: „Sie sagten doch, Ihnen ist bei der Maschine zum einen die Sicherheit und zum anderen die Standzeit wichtig. Sind das die zwei entscheidenden Faktoren für Sie?"

2. Verbalisieren

Wenn Ihr Gegenüber Emotionen zeigt, fassen Sie diese in Worte, z.B.: „Der Ausfall des bestehenden Modells hat Sie sicher furchtbar geärgert."

3. Abwägen

Hier wägen Sie ab, was für den Kunden wohl am schlimmsten war, z.B.: „War der Ausfall der Maschinen für Sie schlimmer oder die Tatsache, dass sich niemand vom Hersteller um das Problem gekümmert hat?"

4. Nachfragen

Die vom Kunden getroffene Aussage wird von Ihnen in Form einer Frage wiederholt, z.B.: „Als Sie bei dem Hersteller angerufen haben, haben Sie keinen Rückruf erhalten?"

5. Weiterführen

Ziehen Sie Konsequenzen aus dem bisher Gesagten, z.B.: „Was meinen Sie, dass wir tun könnten, um einen solchen Fall von vorneherein auszuschließen?"

Damit bauen Sie einen persönlichen Draht zum Kunden auf und zeigen, dass Ihnen etwas an seinen Gedanken, Vorstellungen und Wünschen liegt.

Nonverbale Zustimmung

Bis hierher habe ich verschiedene Möglichkeiten aufgezeigt, wie Sie Ihrem Kunden durch verbale Strategien aufzeigen können, dass Sie aufmerksam zuhören. Natürlich spielt in diesem Zusammenhang auch die nonverbale Zustimmung eine große Rolle. Aktives Zuhören beschränkt sich nicht alleine darauf, die Ohren weit aufzusperren und dem Kunden durch sprachliche Signale zu signalisieren: „Ich höre dir aufmerksam zu." Gerade beim aktiven Zuhören kommt es darauf an, dass Sie Ihrem Kunden auch durch positive körpersprachliche Signale das Gefühl vermitteln, ganz für ihn da zu sein. Ihre Körpersprache sollte immer das unterstreichen, was Sie gerade tun. Wenn Sie Ihrem Kunden mit verschränkten Armen und Beinen, weit zurückgelehnt im Sessel gegenübersitzen und gelangweilt aus dem Fenster blicken, während er Ihnen etwas erzählt, ist das sicher nicht im Sinne des Erfinders. Sie sollten ihm durch eine offene Gestik und freundliche Mimik zeigen, dass Sie an dem interessiert sind, was er zu sagen hat. Schließlich ist es ja auch entscheidend, wenn Sie ihm dann etwas anbieten wollen, das seine Wünsche erfüllen und seine Visionen ermöglichen soll. Bleiben Sie Ihrem Kunden während dieser Phase zugewandt. Zeigen Sie ihm durch Augenkontakt, einem natürlichen Nicken (an den richtigen Stellen!) und einer unterstützenden Gestik, dass Sie in diesem Moment nur für ihn da sind. Das macht nicht nur glaubwürdig, sondern schafft auch einen Sympathie-Bonus für die gesamte Geschäftsbeziehung.

Zusammenfassung
Kapitel 8: Checkpoint 5: Die Überzeugungsphase

1. Kunden aktiv einbeziehen heißt, sie teilhaben zu lassen!

2. Der Kunde sucht sich das Produkt!

3. Anschaulichkeit schlägt abstrakte Werte!

4. Schlüsselwörter kommen hier wieder zum Zug!

5. Wer Argumente hat, braucht keinen Zwang!

6. Überzeugen heißt nicht überreden!

7. Mit allen Sinnen wird die Überzeugungsphase für den Kunden zum Erlebnis!

8. Gute Verkäufer schaffen es, dass der Kunde ein Bild im Kopf hat – bei außergewöhnlichen Verkäufern läuft im Kopf des Kunden ein Film ab.

9. Hinhören reicht nicht aus, wirkliches Zuhören fordert den ganzen Verkäufer!

10. Erst die (non-)verbale Zustimmung ist ein eindeutiges JA!

Die drei wichtigsten Punkte für mich:

1.

2.

3.

Mein Umsetzungsplan:

Folgende Ideen werde ich umsetzen:

Noch heute:

Morgen:

In der nächsten Woche:

9 Checkpoint 6: Die Justierphase

Grundsätzlich gilt beim Verkauf, dass der Kunde Angst hat und unsicher ist. Akzeptanz dieser Gefühle und ein dementsprechend emotionaler Umgang mit dem Kunden sind deshalb der Notfallkoffer auf dem Weg. In der Justierphase richten Sie Ihren Kunden sozusagen auf die Tatsachen aus und bringen ihn weg von Einwänden. Es ist allerdings wichtig, bei der Einwandbehandlung keine schlafenden Hunde zu wecken. Sie können jedoch möglichen Einwänden Ihres Kunden vorweggreifen und nennen nach seinem potenziellen Einwand Ihre Gegenargumente. Je mehr Kompetenz Sie zu Produkt oder Dienstleistung ausstrahlen, umso weniger Einwände wird der Kunde bringen bzw. umso mehr Einwände können Sie vorwegnehmen und entkräften. Strahlen Sie vor allem jetzt Selbstsicherheit und Souveränität aus und bleiben Sie gelassen, was auch immer kommen mag. Gehen Sie mit Einwänden menschlich um, nehmen Sie diese ernst und fragen Sie Ihren Kunden nach Ihrer Argumentation, d.h., ob er damit einverstanden ist oder ob er in dieser Angelegenheit immer noch ein ungutes Gefühl hat.

Erst wenn wirklich alle Einwände beseitigt sind, wird Ihr Kunde in Bezug auf Sie und das Produkt wieder ein gutes Gefühl haben. Nehmen Sie sich also die Zeit. Wenn es länger dauert, lassen Sie nur den Kontakt nicht abbrechen. Sobald der Kunde sicher ist, wird er Sie das wissen lassen und Ihnen in der weiteren Zusammenarbeit danken, indem er Ihnen Vertrauen schenkt.

9.1 Tatsachen kontra Einwand

Stellen Sie sich vor, Sie haben einen Kundentermin, das Verkaufsgespräch verläuft ohne Probleme und der Kunde kauft schließlich, sofort und ohne irgendeinen Einwand. Freuen Sie sich und springen vor lauter Begeisterung in die Luft oder fragen Sie sich nicht doch insgeheim, ob das alles so o.k. ist, ob der Kunde morgen den Auftrag nicht doch wiederruft oder ob er vielleicht nur deshalb so schnell zugestimmt hat, um Sie loszuwerden, und die Ware dann einfach nicht annimmt? Und Sie tun dies völlig zu Recht, sollten Sie diese Situation wirklich schon einmal so erlebt haben.

Wenn Kunden etwas kaufen, haben Sie Ängste (kaufe ich wirklich das Richtige?), Bedenken (kann ich damit umgehen?) und Zweifel (vielleicht kriege ich dieses Produkt ja woanders doch günstiger?) – und das ist gut so. Diese Gefühle gehören zum Verkaufsprozess dazu. Und nur wenn wirklich alle Kaufwiderstände aus dem Weg geräumt sind, wird ein Kunde mit einem guten Gefühl abschließen.

Von Einwänden und Vorwänden

Die Fachliteratur hat sich eingehend mit dem Unterschied zwischen Einwand und Vorwand beschäftigt, so dass ich an dieser Stelle nur kurz grundsätzlich darauf eingehen will. Einwände sind etwas, wie oben bereits erläutert, Notwendiges und Sinnvolles. Der Kunde signalisiert damit, dass bei ihm noch etwas gegen den Kauf spricht. Vorwände hingegen verschleiern nur, dass er jetzt einfach nicht kaufen will. Weil er den richtigen Grund nicht bekannt geben will, bringt er eben einen Vorwand. Einwände können vom Verkäufer, mit etwas Grundwissen und entsprechender Kenntnis der Methoden, entkräftet werden. Bei Vorwänden hat der Verkäufer wirklich das Gefühl, vor eine Wand zu laufen – ohne eine Möglichkeit, an den Kunden, der sich hinter dieser Mauer verschanzt hat, heranzukommen.

Ein geschickter Verkäufer kann allerdings durch geschickte Fragen herausfinden, welcher konkrete Einwand hinter dem eher allgemeinen Vorwand liegt. Ein Beispiel: Der Kunde sagt: „Für ein persönliches Gespräch habe ich im Moment keine Zeit!" (ein eher allgemeiner Vorwand, um Sie möglichst schnell loszuwerden) Und was machen die meisten Verkäufer? Sie denken: Ich kann den Kunden schließlich nicht verärgern, also sage ich: „Wann können wir denn dann einen konkreten Termin machen?" Darauf der Kunde: „Rufen Sie in den nächsten Tagen doch bitte meine Sekretärin an, sie wird Ihnen einen Termin geben." In wenigen Tagen sagt dann die Sekretärin: „Tut mir leid, aber Herr Schmidt ist zur Zeit sehr im Stress, rufen Sie doch nächsten Monat nochmals an." Und so weiter und so fort. Bis Sie zu einem Termin kommen, vergehen

Wochen, wenn nicht Monate, vorausgesetzt, Sie sind einer von der hartnäckigen Sorte, der nicht irgendwann von sich aus den Kontakt nicht mehr will, weil der Aufwand zu hoch ist. Versuchen Sie es doch einmal mit folgender Technik: „Wenn Ihre Zeit im Augenblick knapp bemessen ist, werde ich mich gerne kurz fassen." Tun Sie dies dann bitte auch und führen nur ein wichtiges Argument an, das für Ihr Produkt spricht. Wenn Sie Ihre Hausaufgaben gemacht haben und Ihren Kunden bereits etwas kennen, dann treffen Sie mit Ihrem Argument bestenfalls den Nerv Ihres Kunden, treffen ihn mitten ins Herz und er wird Ihnen gerne einen genauen Termin nennen. Vielleicht nimmt er sich sogar sofort Zeit, wenn er merkt, dass Sie ihm genau das anbieten können, was er dringend benötigt.

Natürlich brauchen Sie auch das Gespür dafür, wann ein Kunde wirklich extremen Widerstand leistet. Dann ist es manchmal besser, das Gespräch wirklich abzubrechen, bevor Sie den Kunden ein für allemal verärgern. Hören Sie genau und mit viel Gespür zu, dann haben Sie bald den Dreh raus und merken, wann Ihr Kunde einen Vorwand bringt, einen begründeten Einwand hat oder einfach nur Zeit schinden will.

Was das „Nein" des Kunden bedeutet

„Wenn eine Frau Nein sagt, meint sie vielleicht, und wenn sie vielleicht sagt, meint sie ja!" Beim Kunden können Sie von dieser Einschätzung nicht ausgehen; aber „ein Fünkchen Wahrheit" ist schon an dieser Aussage. Wenn ein Kunde „Nein" sagt, dann geben Sie nicht gleich auf. Dieses „Nein" kann viel bedeuten. Von einem

- Ich-bin-mir-einfach-nur-nicht-sicher-aber-erklär-es-mir-Nein, einem
- Ich-bin-noch-nicht-überzeugt-lasse-mich-aber-gerne-überzeugen-Nein oder einem
- Die-bisherigen-Informationen-reichen-mir-noch-nicht-Nein bis zu einem
- Du-musst-es-mir-beweisen-Nein.

Gerade hier spielt eine große Rolle, dass Sie als Verkäufer einfach besser informiert sein müssen als Ihr Kunde. Sie müssen fachlich up-to-date sein, sonst können Sie Einwände des Kunden nicht entkräften. Tun Sie also alles, um fachlich auf dem Laufenden zu sein, denn nur auf einem breiten fachlichen Fundament können Sie Einwänden des Kunden wirkungsvoll begegnen.

Gleichzeitig müssen Sie ein Gespür für den Kunden mit all seinen Wünschen und Bedürfnissen entwickeln. Mit einer geschärften Wahrnehmung haben Sie es leichter, um z.B. zu erkennen, was sich für ein wirkliches „Nein" – siehe vorher – hinter dem nur gehörten „Nein" verbirgt.

9.2 Einwandbehandlung leicht gemacht

Wenn ein Kunde einen Einwand äußert, dann lassen Sie ihn erst einmal ausreden. Nichts ist schlimmer, als wenn Sie zwar die Diskussion, ob das Produkt nun zu teuer ist oder nicht, gewinnen und dafür den Kunden ein für allemal verlieren. Versuchen Sie, die Gefühle Ihres Kunden zu verstehen. Vielleicht fehlen ihm wichtige Informationen, die für Sie selbstverständlich sind. Vielleicht ist er einfach nur von einem Ihrer Vorgänger verunsichert worden. Es gibt so viele Unwägbarkeiten auf Ihrem gemeinsamen Weg zum Abschluss, dass ein paar einfache Tipps Ihnen weiterhelfen:

1. Sachliche Ebene fördert Beziehungsebene

Sprechen Sie mit Ihrem Kunden immer und gerade bei Einwänden immer auf einer sachlichen Ebene. Selbst wenn Ihr Kunde Sie persönlich angreift, lassen Sie sich nicht auf diese emotionale Basis ein. Bleiben Sie sachlich, es geht Ihnen bei dem Einwand lediglich darum, ihn zu entkräften, und nicht darum, vielleicht durch besseres Fachwissen Ihrem Kunden zu zeigen, wo sein Platz ist. So verlieren Sie nur – nicht nur diesen Auftrag, sondern auch den Kunden.

2. Offene Fragen bedürfen einer Antwort

Sehen Sie Einwände immer als offene Fragen, die für den Kunden noch nicht beantwortet wurden. Statt offen eine Frage zu stellen, formuliert Ihr Kunde, weil er es vielleicht nicht besser kann, diese als Einwand. Ihre Aufgabe als Verkäufer ist es, diese offenen Fragen zu beantworten. Jetzt, genau an dieser Stelle. Der Kunde hat ein Recht darauf!

3. Der rationale und der emotionale Einwand

Einwände können rational oder emotional begründet sein, auch wenn dies nicht immer offensichtlich ist. Versuchen Sie durch geschickte Nachfragen herauszufinden, was der Fall ist. Vielleicht spüren Sie es auch. Schulen Sie Ihr Gespür darauf, umso leichter fällt es Ihnen dann, damit umzugehen. Denn rationalen Einwänden sollten Sie nicht emotional begegnen und bei emotionalen Kundeneinwänden hilft oftmals kein, wenn auch noch so fundiertes rationales Argument.

4. Körper sprechen Bände

Ihre Körpersprache darf in keinster Weise ausdrücken, was Sie von dem Kundeneinwand halten. Sie müssen also nicht nur kommunikatorisch fit sein, sondern müssen auch Ihre Mimik und Gestik im Griff haben. Genau in dem Augenblick, in dem Ihr

Kunde einen Einwand ausspricht, öffnet er sich Ihnen als Verkäufer. Schließlich lässt er Sie Anteil haben an seinen Wünschen, Bedenken und Gefühlen. Ein falsches Wort oder eine falsche Geste kann in diesem Moment alles zerstören, was Sie vorher mühsam aufgebaut haben. Das so enorm wichtige Vertrauen kann zerstört werden oder zumindest einen tiefen Knacks bekommen.

Gespräche positiv weiterführen

Einwände sind versteckte Chancen. Es ist wie ein begonnenes Gespräch, das etwas aus der Spur geraten ist. Es liegt an Ihnen, es wieder in die Bahn zu lenken und zu einem für beide Seiten erfolgreichen Abschluss zu bringen. Es gibt verschiedene Werkzeuge, die einem Verkäufer helfen, Einwände zu entkräften. An erster Stelle steht ein entscheidendes Programm, das in kleinen Variationen, zunächst einmal bei jedem Kundeneinwand abläuft:

1. Zuhören schafft Vertrauen

Was auch immer Ihr Kunde an Einwänden, Vorwänden oder sogar verbalen Angriffen vorbringt, hören Sie ihm zunächst einmal ganz genau zu. Nein, nicht um dann ganz gezielt zurückschlagen zu können, sondern um sein Motiv herauszufinden. Sie vermitteln so dem Kunden, dass Ihnen seine Bedenken wichtig sind. Antworten Sie überstürzt, vielleicht sogar noch leicht aggressiv, müssen Sie damit rechnen, dass der Kunde vermutet, Sie müssten sich wohl rechtfertigen, und er meint logischerweise, dass er mit seinem Einwand offensichtlich doch nicht so ganz Unrecht hatte.

2. Einwand oder Vorwand – die Analyse

Entscheiden Sie dann, ob es sich um einen begründeten Einwand oder nur um einen Vorwand des Kunden handelt. Entsprechend gehen Sie damit um. Suchen Sie bei einem Vorwand den meist dahinter verborgenen Einwand. Bei einem eindeutigen Einwand ist der nächste Punkt entscheidend:

3. Die Wahl der Strategie

Wenn die Ausgangslage klar ist, nehmen Sie sich etwas Zeit, sich für die richtige Einwandbehandlung zu entscheiden. Eine kleine Pause wirkt oft Wunder. Der Kunde merkt, dass Sie sich mit seinem Problem auseinander setzen, und Sie haben die Möglichkeit, sich ganz bewusst für eine Strategie zu entscheiden und diese anzuwenden. Welche Möglichkeiten Sie hier haben, erfahren Sie in Kürze.

4. Kundenreaktion zeigt Zielerreichungsgrad

Schon während Sie diese Strategie anwenden, müsste sich ein Wandel beim Kunden vollziehen. Sie müssen zumindest das Gefühl haben, dass Sie die Bedenken Ihres Kunden etwas aufbrechen, dass er sich Ihnen nähert. Hören Sie nicht nur auf seine verbalen Äußerungen, sondern beobachten Sie auch sein körpersprachliches Verhalten. Denn er kann bewusst sehr viel sagen und Ihnen vielleicht zustimmen. Doch sein Körper, seine Gestik und Mimik werden Ihnen verraten, was in seinem Innersten, wenn auch unbewusst, vorgeht.

5. Und notfalls alles nochmals von vorne

Wenn Sie noch nicht das beobachten, was Sie gerne hätten, dann müssen Sie eben noch einmal von vorne anfangen. Ob mit diesem bereits bearbeiteten Einwand oder einem neuen. Nur wenn wirklich alle Bedenken des Kunden aus dem Weg geschafft sind, kann es zu einem wirklich guten Abschluss kommen. Da hilft es auch nicht, die Bedenken nur „unter den Teppich zu kehren". Die „Kauf-Blockaden" des Kunden müssen rational und emotional gelöst sein, sonst werden Sie nur kurzfristig erfolgreich verkaufen.

Kein Verkäufer wird alle Kundeneinwände gleich entsprechend behandeln können. Und jeder Verkäufer wird den Einwand eines Kunden anders erleben. Dies liegt ganz einfach daran, dass im Verkaufsprozess und -gespräch Menschen aufeinander treffen, die unterschiedliche Wahrnehmungen haben. Klar ist, dass dadurch auch unterschiedliche Reaktionen kommen. Bei allen Strategien vergessen Sie deshalb bitte nicht, dass Sie ein Mensch sind, der mit einem anderen Menschen umgeht.

So behandeln Sie Einwände effektiv

Bleiben Sie flexibel in der Wahl der Strategie und bleiben Sie nicht stur auf Ihrem Weg, wenn Sie vielleicht in der Mitte merken, dass Sie eine falsche Abzweigung genommen haben. Sie können an jeder Stelle entscheiden, wie Sie fortfahren. Folgende sieben Einwandbehandlungs-Strategien geben Ihnen die Möglichkeit, leichter mit Einwänden umzugehen, und die Sicherheit, Einwänden von Kundenseite nicht hilflos ausgeliefert zu sein. Wir betrachten hier bei allen Methoden den häufig geäußerten Einwand: „Ihr Produkt ist uns zu teuer!"

1. Rückfrage

Gerade bei Vorwänden, aber auch bei Einwänden hilft eine Strategie entscheidend weiter: die Rückfrage-Technik. Wie der Name schon sagt, stellen Sie hier einfach eine Gegenfrage: „Mit welchem Produkt vergleichen Sie denn hinsichtlich der Konditionen?“ Durch eine derartige Rückfrage schaffen Sie sich nicht nur etwas Zeit, sondern Sie gewinnen auch detailliertere Informationen. Diese können von entscheidender Bedeutung sein, wenn es darum geht, diesen Einwand, der oft nur ein Vorwand ist, zu entkräften. Angenommen der Kunde antwortet: „Mit dem Produkt XY ...“, dann haben Sie einen Ansatzpunkt, weil Sie natürlich wissen sollten, welche entscheidenden Unterschiede es zwischen diesem Produkt und Ihrem gibt. Es kann vielleicht wirklich in der Anschaffung günstiger sein, jedoch höher in den Folgekosten. Oder das andere Unternehmen berechnet Serviceleistungen extra, die bei Ihrem Angebot enthalten sind. Jetzt wissen Sie auch, aus welchen Gründen eine genaue Kenntnis nicht nur Ihres Produktes, sondern auch des Marktes, in dem Sie sich bewegen, so wichtig ist.

2. Bumerang

Hier geben Sie den Einwand Ihres Kunden als Bumerang zurück, jedoch etwas umgedeutet. In unserem Fall kann dies z.B. so gehen: „Auch wenn Ihnen die Kosten momentan sehr hoch erscheinen, ist es für Sie eine sinnvolle Investition. Weil Sie dadurch vermeiden, dass weitaus höhere Kosten entstehen, wenn Sie bei der alten Maschine durch Reparaturen mit enormen Produktionsausfällen rechnen müssen.“

3. Lob

Loben Sie Ihren Kunden doch ruhig einmal, wenn er Ihnen offen und ehrlich sagt, was ihn stört. Und ein ehrliches „Das-ist-mir-zu-teuer“ ist allemal besser als ein Kunde, der Sie fünfmal zu Terminen lotst, nur um Ihnen dann ganz am Schluss zu sagen, dass er nun doch ein günstigeres Angebot angenommen hat. Sie können dies z.B. tun, indem Sie sagen: „Sie haben vollkommen Recht, wir bewegen uns in einem hochpreisigen Segment. Haben Sie jedoch schon bedacht, dass mit dieser Investition auch alle Folgekosten abgegolten sind und dass ein Rund-um-die-Uhr-vor-Ort-Service dafür sorgt, dass Sie keinerlei Produktionsausfälle zu verbuchen haben?“ Sie können bei einer solchen Lobformulierung auch mit „andererseits“ oder „allerdings“ in die Frage überleiten.

4. Zeit

Die Zeit heilt nicht nur viele Wunden, Sie hilft auch bei dem Einwand „Zu teuer!“. Dividieren Sie die Kosten doch einfach mal, entweder bezogen auf eine gewisse Laufzeit oder auf Produktionseinheiten. „Diese Entscheidung für ein gesünderes Leben kostet Sie nur 5 Cent täglich!“ Oder multiplizieren Sie: „Mit dieser neuen Maschine produzieren Sie das Fünffache. Wenn Sie dies hochrechnen, fallen die geringfügig höheren Beschaffungskosten in keinster Weise ins Gewicht.“

5. Korrektur

Mit Fragen wie „Welche Leistungen müssten für Sie denn inklusive sein, damit der höhere Preis für Sie gerechtfertigt wäre?“ Nach einer Antwort können Sie immer noch entscheiden, ob Sie kleine Korrekturen an dem Angebot vornehmen wollen und können, um den Kunden zum Kauf zu bewegen. Beim Einwand „Zu teuer!“ geben viele Verkäufer viel zu schnell einen Nachlass oder Rabatt, womöglich noch ohne Gegenleistung, und geben dem Kunden damit das Gefühl, dass er ohne Einwände zu viel bezahlt hätte. Beim nächsten Gespräch weiß der Kunde dann ja bereits, dass bei diesem Verkäufer immer etwas Spielraum ist, und das Drücken des Preises gehört bei jedem Termin zum Spiel dazu. Die Preisspirale dreht sich dann immer schneller und schnürt irgendwann dem Verkäufer die Kehle zu.

6. Einwand vorwegnehmen

Wenn Sie in der Branche als der teuerste Anbieter bekannt sind, können Sie davon ausgehen, dass auch Ihr Kunde davon weiß und das Argument „Zu teuer!“ verlauten lässt. Sie machen in jedem Fall keinen Fehler, wenn Sie dann diesen Einwand vorwegnehmen, indem Sie Ihrem Kunden gleich zu Beginn sagen: „Die Branche behauptet zwar, dass wir die teuersten Anbieter sind, übersehen jedoch, dass wir All-inclusive-Preise mit unschlagbaren Zusatzleistungen anbieten.“ Oder: „Sicher haben Sie schon gehört, dass wir uns mit unseren zuverlässigen [oder nur in Einzelstückzahlen ausgelieferten] *(je nach Kundentyp kann hier ein entsprechendes Argument eingefügt werden)* Maschinen in einem Hoch-Preis-Segment bewegen. Dies war von Anfang an unser Ziel, um das gute Image unserer Kunden auch durch dieses Produkt weiter auszubauen.“

7. Später

Manchmal wollen oder können Sie einen Einwand nicht sofort entkräften. Dies ist natürlich nicht im Sinne des Erfinders, jedoch auch keine Ursache, gleich zu verzweifeln. Sie können Einwände z.B. auch zurückstellen, indem Sie sagen: „Kann ich Ihren Einwand notieren und später noch einmal darauf zurückkommen?“ oder: „Ich würde gerne meinen Gedanken noch zu Ende bringen und den Aspekt später in einem wichtigen Zusammenhang aufgreifen.“ Fairerweise müssen Sie dies natürlich später auch tun. Falls nicht, müssen Sie sicherstellen, dass sich dieser Einwand auch für Ihren Kunden inzwischen gelöst hat. Ansonsten ist es ein cleveres Ablenk-Manöver, bei dem Sie plötzlich einen anderen Gesichtspunkt in das Gespräch einbringen und dadurch hoffen, dass Sie Ihren Kunden von diesem Einwand ablenken.

9.3 Kompetenz, Selbstsicherheit und Souveränität

Alles, was Sie in Ihrem bisherigen Leben erreicht haben, strahlt nach außen, erfüllt Sie mit Selbstbewusstsein. Sie sind sicher, dass Sie es schaffen, stehen Kritik und Angriffen souverän gegenüber und beweisen sowohl fachliche als auch menschliche Kompetenz. Jeder Kunde kann sich nur solch einen Verkäufer wünschen. Einen, der genau weiß, was er tut, und dem Kunden das Gefühl gibt: Auf den „Jungen" kann ich mich verlassen, der kennt sich aus! Dies bestätigt Jan G. Carlzon (*1941), Topmanager und seit 1981 Vorstandsvorsitzender der Scandinavian Airlines System (SAS), der einmal sagte: „Autorität und Verantwortung sind in Wirklichkeit mit dem Einzelnen verknüpft; mit seiner Weisheit, seinem Wissen und seiner Art, mit Menschen umzugehen. Das alles verleiht ihm eine Autorität, die ihm niemand wegnehmen kann. Im Idealfall sollten Mitarbeiter ihr Sicherheitsgefühl im Umgang mit Kunden von innen her bekommen."

Wenn Sie begeistert sind von dem, was Sie tun und wie Sie es tun, und eine genaue Vorstellung von dem haben, was Ihrem Kunden Nutzen, Erfolg und Freude bringt, dann führen Sie auch souveräne Verkaufsgespräche. Es kostet Sie keine Überwindung, morgens aufzustehen, Termine zu vereinbaren und dann vielleicht auch noch Kundentermine wahrzunehmen. Sie sind voll dabei, haben Erfolge und ein gutes Gefühl.

Von wenigen Ausnahmen einmal abgesehen, wollen Verkäufer nicht nur das schnelle Geld und möglichst viele Abschlüsse. Sie wollen, dass Kunden sie als Mensch, als kompetenten Partner schätzen. Verkäufer wollen, dass Kunden ihnen treu bleiben. Wenn Sie Ihren Kunden aufrichtige Anerkennung und Wertschätzung entgegenbringen und deren Selbstwertgefühl stärken, wird daraus eine enge Kundenbindung entstehen. Gestatten Sie mir eine Frage! Denken Sie als Verkäufer auch manchmal an die Kunden Ihrer Kunden? Wenn nicht, sollten Sie dies schleunigst tun. Wenn Sie nämlich Ihren Kunden helfen, vor ihren eigenen Kunden wiederum gut dazustehen, schließt sich der Kreis, und Abschlüsse lassen sich nicht mehr verhindern. Sie werden mehr Erfolg haben denn je!

Schlagfertigkeit durch Souveränität

Vielen Verkäufern fehlen zur rechten Zeit die rechten Worte. Dabei geht es bei einem wortgewandten, sicheren Auftritt nicht um Techniken, wie man seinen Kunden „mundtot macht", „niederbügelt", oder „an die Wand drückt". Worauf es wirklich ankommt, ist, in kritischen Situationen mehr Souveränität auszustrahlen. Denn der

Grund für mangelnde Schlagfertigkeit liegt oft darin, dass sich Menschen in unangenehmen oder ungewohnten Situationen unsicher fühlen. Und wer unsicher ist, findet keine überzeugenden Worte. Greifen verunsicherte Menschen in ihrer Hilflosigkeit auf angelesene Floskeln und Phrasen zurück, so nimmt der Gesprächspartner sie ihnen nicht ab. Denn ein verlegener Mensch kann Schlagfertiges nicht schlagfertig rüberbringen, Ausstrahlung und Worte klaffen auseinander.

Zusammenfassung
Kapitel 9: Checkpoint 6: Die Justierphase

1. Kunden haben Ängste, Bedenken und Zweifel!
2. Die Angst des Kunden gibt dem Verkäufer eine Daseinsberechtigung!
3. Je höher die Kompetenz des Verkäufers, desto geringer die Einwandquote!
4. Einwände sind etwas völlig Natürliches und die Chance des Verkäufers, wirklich alle Zweifel aus dem Weg zu räumen!
5. Erfolgreiche Verkäufer ergründen die Einwände hinter den Vorwänden!
6. Ein Nein ist nicht immer ein Nein, sondern manchmal ein Vielleicht!
7. Gute Gespräche überdauern Einwände und Zweifel des Kunden!
8. Das Gefühl des Kunden spielt bei Einwänden eine entscheidende Rolle!
9. Nehmen Sie sich Zeit, sich ausführlich mit den Einwänden Ihrer Kunden zu beschäftigen!
10. Mit Souveränität und Selbstvertrauen ist ein erfolgreicher Verkäufer in jeder Situation ein kompetenter Gesprächspartner für seine Kunden!

Die drei wichtigsten Punkte für mich:

1.

2.

3.

Mein Umsetzungsplan:

Folgende Ideen werde ich umsetzen:

Noch heute:

Morgen:

In der nächsten Woche:

10 Checkpoint 7: Die Abschlussphase

Sind alle Details geklärt, stellen Sie die Abschlussfrage, welche die Zusammenarbeit „offiziell“ zwischen Ihnen beiden bestätigt: „Wann sollen wir also die zwölf PCs liefern?“, „Bis wann möchten Sie den fertigen Vertrag?“, „Ist die Lieferadresse die gleiche wie hier auf Ihrer Karte?“ sind Fragen, die kurz bestätigen, dass Ihr Kunde sich entschieden hat und er die Kaufentscheidung nur noch durch eine kurze Antwort verbal kundtut. Dann klären Sie, was im Angebotsschreiben alles enthalten sein muss. Hilfreiche Überlegungen sind:

- Ist dies das erste Geschäft zwischen Ihnen beiden?
- Müssen Entscheider informiert werden? Details?
- Ist eine genaue Produktbeschreibung notwendig?
- Was ist der finanzielle Rahmen des Kunden?
- Welche Worte wählte er in der Bedarfsanalyse?

Verabschieden Sie sich von Ihrem Kunden und halten fest, wer von wem bis wann in welcher Form wieder hört! Das ist wichtig, sonst verläuft die Geschichte leicht im Sand. Nennen Sie von sich aus einen Termin, bis wann Sie ein Angebot bzw. einen Vertrag vorlegen werden. Natürlich halten Sie diesen Termin unbedingt ein!

Ein schriftliches Angebot, das unter Umständen auch als Vertrag dient, sollte übersichtlich gegliedert sein und alle notwendigen Informationen enthalten. In großen Unternehmen kann hier die Rechtsabteilung zur Prüfung zu Rate gezogen werden, für kleinere Betriebe gibt es selbstständige Berater.

10.1 Hilfreiche Überlegungen

Aufgabe eines Verkäufers ist es, zu verkaufen. Mit dem Kunden nur nett zu plaudern oder ein, wenn auch fachlich noch so qualifiziertes Gespräch zu führen, bringt Sie nicht weiter. Es gibt für einen Verkäufer nichts Schlimmeres, als wenn ihm auf dem „Nachhauseweg" bewusst wird: „Ich hätte ja verkaufen können ... doch ich habe wohl den richtigen Moment verpasst." Oder: „Der Kunde war reif, wollte kaufen ... doch dann ist mir plötzlich eine Geschichte eingefallen und wir haben einfach so schön über unsere gemeinsamen Interessen geplaudert. Dabei habe ich doch glatt den Abschluss vergessen."

Konzentration auf das Wesentliche ist hier gefragt. Und das ist und bleibt nun einmal der Abschluss. Was immer Sie auch zuvor tun und wie sehr Sie sich auch anstrengen, wenn Sie säen und anschließend die Ernte nicht einfahren, freut sich ein anderer und stürzt sich auf das so hervorragend gepflegte Feld. Also stellen Sie die Frage zum richtigen Zeitpunkt, dann haben Sie einen rundum gelungenen Verkaufsprozess gesteuert.

Emotionales Verständnis schlägt Technik

Die Abschlussbereitschaft des Kunden ist nicht plötzlich vorhanden, sondern das Ergebnis all Ihrer Bemühungen und strategischen Schritte – gemeinsam mit dem Kunden. Dabei sind Verkaufstechniken unbestreitbar wichtig, das Wichtigste überhaupt ist jedoch Ihr Verständnis für den Kunden, Ihre Fähigkeit, auf die Person und ihre Wünsche und Vorstellungen einzugehen. Wenn sich diese Empathie durch Ihr Verkaufsgespräch zieht, wird es Ihnen nicht schwer fallen, den richtigen Zeitpunkt für den Abschluss zu spüren. Wenn Ihr Kunde das Produkt oder die Dienstleistung (unbedingt) haben will, sendet er darüber hinaus ganz konkrete Abschluss-Signale, die Sie natürlich erst einmal aufmerksam erkennen und dann auch nutzen sollten:

1. Nonverbale Abschluss-Signale

Die Körpersprache spricht eine deutliche Sprache, nicht nur beim Kennenlernen und im gesamten Verkaufsgespräch, sondern speziell auch beim Abschluss. Durch Mimik und Gestik sendet Ihr Kunde eindeutige nonverbale Abschluss-Signale: Er nickt mit dem Kopf, kommt Ihnen mit dem Oberkörper sichtbar entgegen oder greift zu Mustern, die auf dem Tisch liegen. Wenn Sie z.B. mit Ihrem Kunden an einem Tisch sitzen, können Sie eine solche Körperbewegung auch hervorrufen. Dazu haben Sie bei Ihrem Gespräch einen Auftrag ausgefüllt, der mit allen Wünschen Ihres Kunden bestückt, nun vor Ihnen beiden liegt. Wenn Ihr Kunde auch nur die geringste Kaufbereitschaft signalisiert, holen Sie ihn zu sich heran, indem Sie z.B. mit einem Stift auf das Papier deuten und ihm kurz die wichtigsten Punkte zusammenfassen. Am Schluss zeigen Sie dann auf die Zeile, auf die er seine Unterschrift setzen kann.

Achten Sie darauf, dass Sie auch den Wunsch des Kunden nach einer Beendigung des Gesprächs, ob mit Abschluss oder ohne, bemerken. Wenn der Kunde inhaltlich nicht mehr bei Ihnen ist, dann vertagen Sie sich besser auf ein anderes Mal: Ihr Kunde steht auf, hält keinen Blickkontakt oder blickt gezielt auf die Uhr. Und wenn er sich auch noch offensichtlich mit etwas ganz anderem beschäftigt, ist es an der Zeit, zu gehen ... Abschluss hin oder her, wenn dies eintrifft, haben Sie den richtigen Zeitpunkt vielleicht schon verpasst, und es ist für beide Seiten besser, an dieser Stelle einen Cut zu machen.

2. Verbale Abschluss-Signale

Wenn Ihr Kunde für sich noch einmal zusammenfasst, haben Sie es fast geschafft. Mit einer Aussage wie: „Um es kurz auf den Punkt zu bringen, ..." leitet Ihr Kunde praktisch von ganz alleine den Abschluss ein. Dies geschieht auch durch den direkten Kaufwunsch: „Dieses Produkt möchte ich haben!" oder: „Ihr Angebot klingt überzeugend." Auch wenn der Kunde bereits Fragen zu Details stellt: „Wann könnten Sie liefern?" oder: „Wie sieht es dann mit Serviceleistungen aus?", hat er oft unbewusst bereits eine Kaufentscheidung getroffen. Mehrere JAs des Kunden deuten auf eine Zustimmung hin, ebenso ein „Mhhh", bei dem Ihr Kunde die Stimme senkt. Sicher sind Sie geschult darin, auch kleinste Nuancen zu erkennen.

Die Stimmung des Kunden ändert sich, wenn er zum Abschluss bereit ist, und meist drückt er dies auch verbal aus. Ist er zuvor noch unsicher („Ich bin mir nicht ganz sicher, ob ..." oder: „Ich weiß nicht, ob ..."), sagt der Kunde, nachdem er mit einem guten Gefühl für sich den Abschluss getätigt hat: „Ich bin guter Dinge, dass ..." oder: „Das haben wir wieder gut hingekriegt." Es kann auch sein, dass Ihr Kunde noch einen weiteren Gesprächspartner hinzuzieht und seinen Abschluss von diesem nochmals bestätigt haben möchte.

Abschluss nicht zerreden

Passen Sie auf, dass Sie den Abschluss nicht zerreden. Schweifen Sie nicht ab oder bringen sogar nochmals neue Argumente ein. Sonst fangen Sie wieder bei Adam und Eva an und verwirren Ihren Kunden nur. Manchmal hat man den Eindruck, als wollen manche Verkäufer gar nicht abschließen, als wäre es Ihnen lieber, einfach immer unverbindlich zu bleiben. Denn schließlich birgt so ein Abschluss auch eine gewisse Verantwortung, dem Kunden gegenüber und dem eigenen Unternehmen. Wenn Sie sich nicht sicher sind, ob Sie dem Kunden nun wirklich das angeboten haben, was er braucht, oder nur das, was Sie verkaufen wollten oder sollten, verstecken Sie sich oft hinter einem zerredeten Abschluss.

10.2 Die Frage aller Fragen ...

... gibt es nicht! Es gibt aber sehr wohl Abschlusshilfen, die Sie darin unterstützen, Ihren Kunden zum Abschluss zu führen – und das ist schließlich Ihre Aufgabe als Verkäufer. Wenn Sie davon überzeugt sind, dem Kunden durch gründliche Recherche auch wirklich das angeboten zu haben, was er benötigt, wird es leicht fallen, den richtigen Einstieg in den Ausstieg zu finden. Das Produkt passt, der Preis passt, was sollte also noch gegen ein Geschäft sprechen? Vergessen Sie jedoch bei aller Zielstrebigkeit nicht, dass nicht Sie derjenige sind, der die Entscheidung trifft. Dies macht einzig und allein der Kunde. Sie helfen ihm lediglich dabei, diese Entscheidung auch bewusst zu treffen und vor allem nach außen zu kommunizieren.

Sie selbst müssen felsenfest davon überzeugt sein, dass Sie diesen Abschluss tätigen. Wenn Sie nur den geringsten Zweifel hegen, wird dies auch Ihr Kunde merken und verunsichert reagieren. Anders, wenn er Ihre Sicherheit spürt und der festen Überzeugung ist, dass Sie ihm einfach das Richtige verkaufen. Hier einige Tipps, wie Sie aktiv verbal den Abschluss herbeiführen:

1. Empfehlungstechnik gegen Ja-Kette

Statt die „alte“ und wirklich allen bekannte *Ja-Kette*, bei der Sie Ihrem Kunden vier Fragen stellen, auf die dieser mit Ja antwortet, um dann bei der Abschlussfrage auch noch ein Ja zu erhalten, versuchen Sie es einmal etwas eleganter mit der *Empfehlungstechnik*. Schließlich sind Sie dazu da, Ihren Kunden zu beraten und ihm etwas zu empfehlen. Er verlässt sich auf Ihr fachliches Urteil. Achten Sie dabei bitte darauf, dass Sie nicht von sich aus empfehlen, sonst kommen Sie in die weniger empfehlungswerte Ich-Form. Statt: „Ich empfehle Ihnen...“ (Der Kunde denkt: Was soll er auch anderes tun, er will ja etwas – möglichst Teures – verkaufen!) verwenden Sie lieber neutrale Formulierungen wie:

➜ „Viele Kunden mit ähnlichen Schwierigkeiten wählen ...“ oder:
➜ „Wie Sie Ihre Herausforderungen beschrieben haben, ergibt sich folgende Möglichkeit: ...“ oder:
➜ „Sie entscheiden sich richtig, wenn ...“

2. Alternativ-, Vorweg- und Appell-Technik

Eine bekannte und vielfach verwendete Methode ist die *Alternativtechnik*, bei der Sie Ihrem Kunden nach der Entweder-oder-Strategie die Möglichkeiten bieten, eine Ware z.B. in 2 oder erst in 14 Tagen zu ordern. Auch hierzu gibt es eine elegantere Alternative: Unterbewusste Abschluss-Modelle, wie die *Vorweg-* oder die *Appell-Technik*. Beide sind mit etwas Übung gut durchzuführen, allerdings brauchen Sie hier etwas Gespür für den Kunden und dessen Persönlichkeit. Bei der Vorweg-Technik sprechen Sie bereits von Tatsachen und verwenden Begriffe (Auftrag), die eigentlich erst nach dem Abschluss richtig sind, z.B. „In unserer Zusammenarbeit werden Sie sehen, dass ...“ oder: „Wenn Sie die Maschine am nächsten Montag erhalten, werden Sie dann ...“ Bei der Appell-Technik appellieren Sie, wie der Name schon sagt, an Ihren Kunden, an seine Gefühle, indem Sie z.B. sagen: „Wollen Sie Ihrem Wettbewerber wirklich diesen Vorsprung lassen?“

3. Anreiz-Technik

Bei der *Anreiz-Technik* schaffen Sie einen starken Anreiz, indem Sie Ihrem Kunden z.B. eine Info zur begrenzten Warenmenge zukommen lassen: „Von diesem Modell haben wir nur noch ein Exemplar!“ oder: „Dieser handgefertigte Schrank ist ein absolutes Einzelstück.“ Bleiben Sie dabei aber bitte glaubwürdig und verwenden Sie diese Technik nicht zu häufig. Kein Mensch wird Ihnen glauben – vorausgesetzt Sie sind kein Designer, der wirklich jedes Kunststück nur einmal herstellt – dass Sie nur Einzelstücke und begrenzte Mengen anbieten können, wenn das Produkt hinterher an jeder Ecke zu haben ist.

4. Plus-Minus-Technik

Die *Plus-Minus-Technik* ist ähnlich einer Bilanz aufgebaut. Sie zeigen Ihrem Kunden, wenn möglich auf einem Blatt Papier, auf, was *für* und was *gegen* einen Kauf spricht.

Produkt

+	–

Natürlich sollten die positiven Aspekte überwiegen, sonst macht der Einsatz dieser Technik keinen Sinn. Gerade bei visuellen Menschen hat sich diese Methode bewahrheitet, weil diese die entscheidenden Fakten noch einmal schwarz auf weiß sehen. Auch bei Kunden, die sehr genau abwägen, werden Sie mit dieser Methode schneller zum Abschluss kommen.

5. Geld-zurück-Technik

Manchmal hilft eben nur noch ein entscheidender Schritt, um den Kunden zum Abschluss zu bewegen, die *Geld-zurück-Technik.* Wenn wirklich alle Abschluss-Methoden nicht fruchten, Sie aber felsenfest davon überzeugt sind, dass Ihr Produkt oder Ihre Dienstleistung genau das Richtige für den Kunden ist, dann springen Sie über Ihren Schatten und bieten diesem als Vorvertrauensbonus einfach an, dass er natürlich die Ware jederzeit zurückgeben kann und auch sein Geld wieder erhält. Sie werden staunen, wie wenig dies in der Realität genutzt wird. Aber die Sicherheit, dies zu können, unterstützt bei vielen Menschen die Kaufbereitschaft.

Der Abschluss ist ein Abschluss und bleibt ein Abschluss. Nicht mehr, aber auch nicht weniger! Abschlusstechniken können nur eine Hilfe sein, auf dem Weg miteinander und zueinander im Verkaufsgespräch. Und eigentlich beginnt der Abschluss auch schon viel früher, nämlich bei der Bedarfsermittlung. Dann nämlich, wenn Sie Ihrem Kunden genau das bieten, was er braucht, wird der Abschluss ein natürlicher Vorgang im Verkaufsprozess sein, den Sie zusammen mit Ihrem Kunden spielend meistern. Eines sollten Sie jedoch bedenken: Ohne Ihre Initiative nützen auch die besten Abschlusstechniken nichts, denn nur in den seltensten Fällen werden Sie erleben, dass der Kunde von sich aus sagt: „Ich will jetzt endlich kaufen! Lassen Sie uns das alles schriftlich festhalten." Also ist auch hier das Engagement des Verkäufers gefragt, im richtigen Moment abzuschließen!

10.3 Das schriftliche Angebot

Unterstützen Sie Ihre kommunikativen Fähigkeiten auch durch ein passendes schriftliches Angebot. Dieses stellt eine Brücke zwischen den bisher vereinbarten Fakten und der zukünftigen Geschäftsbeziehung dar. Im schriftlichen Angebot wird alles nochmals fixiert und bildet so die Grundlage für den Abschluss. Zwei Möglichkeiten gibt es: Entweder, Sie haben ein Bestellformular, in dem Sie die Produkte ankreuzen und evtl. Sonderwünsche notieren können, dann gibt es dieses schriftliche Angebot gleich mit Durchschlag für den Kunden und auch zur Weitergabe an die entsprechende Stelle in Ihrem Unternehmen. Oder, Sie halten die Fakten fest und lassen dem Kunden innerhalb einer zugesagten Zeitspanne dann das sauber zusammengefasste Angebot zukommen.

Manche verbinden das schriftliche Angebot mit einem kleinen Konzept, das sowohl das Unternehmen als auch die Person des Verkäufers nochmals kurz vorstellt, die Produktbeschreibung und entsprechende Vorteile für den Kunden enthält und im konditionellen Teil über den Kaufpreis, vereinbarte Lieferbedingungen u.a. informiert.

Die „große" Visitenkarte

Wenn Sie zum ersten Mal bei einem Neukunden vorsprechen, werden Sie diesem sicher eine Visitenkarte geben, auf der Ihre wichtigsten Daten überschaubar aufgeführt sind. Das schriftliche Angebot stellt ebenso eine Visitenkarte Ihres Hauses dar. Sie können beim persönlichen Gespräch so überzeugend gewesen sein, wie Sie wollen, wenn dann auf einem zerknitterten Papier eine Vielzahl an unstrukturierten Informationen auf den Tisch des Entscheiders flattert, können Sie alle Anstrengungen vergessen.

Sorgen Sie dafür, sofern Sie die Angebotserstellung nicht selbst durchführen, dass das Angebot ordentlich aufbereitet und klar strukturiert ist. Kontrollieren Sie jedoch das Angebot selbst, bevor es an den Kunden herausgeht. Denken Sie nur einmal daran, dass auch Ihr Ansprechpartner dieses Angebot vielleicht noch einer anderen Stelle (dem tatsächlichen Entscheider?) vorlegen muss. Dieser kennt Sie nicht einmal persönlich und doch wird er vom Angebot auf Sie und Ihr Unternehmen im Ganzen schließen. Sorgen Sie also dafür, dass dieses Bild stimmig ist, dann steht einem Abschluss nichts mehr im Weg.

Jetzt ist noch lange nicht Schluss

Glauben Sie nicht, dass Sie sich jetzt so einfach zurückziehen können. Gerade dies ist oft schwieriger als gedacht. Vielleicht vereinbaren Sie mit dem Kunden noch ein Gespräch, sobald er das schriftliche Angebot durchgesehen hat. Oder Sie wissen gar nicht recht, wie Sie einen Schluss nach dem Abschluss finden? Eines muss Ihnen bewusst sein: Strapazieren Sie nicht die Zeit und Nerven Ihres Kunden! Lassen Sie ihn jedoch auch nicht einfach „im Regen stehen“ und flüchten nach dem JA, als ob Sie nur schnell genug wegkommen möchten (aus lauter Angst, er könnte es sich doch noch einmal anders überlegen!).

Nach jeder Kaufentscheidung kann es eine Kaufreue geben oder zumindest die Unsicherheit, sich auch wirklich für das Richtige entschieden zu haben. Das geht der Dame von Welt, die sich ein neues Cocktailkleid gekauft hat und zuhause beim Gatten hören will: „Das Kleid steht dir ausgezeichnet, du hast dich für diesen Anlass richtig entschieden!“ genauso wie einem Einkäufer, der durch ständig auf ihn einprasselnde Angebote oft unsicher ist. Warum geben Sie ihm nicht selbst diese Bestätigung, sich vollkommen richtig entschieden zu haben. Schließlich haben Sie ihm ja auch das Passende verkauft, oder? Geben Sie Ihrem Kunden die Anerkennung, dass er sich gut informiert und für das beste Modell entschieden hat. Damit finden Sie einen guten Schluss, beugen einer möglichen Kaufreue vor und bereiten sich den Boden für weitere Verkaufsgespräche.

Dank, Sicherheit und mehr ...

Danken Sie Ihrem Kunden doch für die Zeit und den Auftrag, gratulieren Sie ihm für seine gründliche Information, die kluge Wahl und schnelle Entscheidung. Wenn der Kunde Sie noch nicht so gut kennt und dies der erste Abschluss zwischen Ihnen beiden ist, bieten Sie ihm doch an, Ihr Unternehmen besser kennen zu lernen, z.B. bei einer Werksbesichtigung. Oder Sie sprechen die Einladung zu einer Messe aus und überreichen ihm gleich Eintrittskarten. Sichern Sie ihm eine schnelle und reibungslose Abwicklung zu. Damit zeigen Sie ihm, dass Ihnen nicht nur der Abschluss, sondern auch die weitere Zusammenarbeit am Herzen liegt. Vielleicht entführen Sie ihn auch noch mal kurz in sein Kopfkino und geben ihm so die Möglichkeit, Sie in einem guten Gefühl in Erinnerung zu behalten.

Zusammenfassung
Kapitel 10: Checkpoint 7: Die Abschlussphase

1. Aufgabe des Verkäufers ist es, einen Abschluss zu tätigen!
2. Ohne Abschlussfrage kein Geschäftsabschluss, kein Auftrag!
3. Kunden liefern eindeutige (non-)verbale Abschluss-Signale!
4. Schließen Sie ab! Jetzt! Abschlüsse zu zerreden ist vergebliche Verkaufsmühe!
5. Emotionales Verständnis schlägt Technik!
6. Ein schriftliches Angebot fasst alle Details zusammen!
7. Termine müssen in jedem Fall eingehalten werden!
8. Nach dem Abschluss ist noch nicht Schluss!
9. Erfolgreiche Verkäufer beugen der Kaufreue vor, indem sie ihrem Kunden gratulieren!
10. Das letzte Gefühl bleibt in Erinnerung – sorgen Sie also für einen freundlichen Abgang!

Die drei wichtigsten Punkte für mich:

1.

2.

3.

Mein Umsetzungsplan:

Folgende Ideen werde ich umsetzen:

Noch heute:

Morgen:

In der nächsten Woche:

11 Checkpoint 8: Die Nachverkaufsphase

Auch wenn Sie nicht auf einen Nenner gekommen sind und Sie dem Kunden diesmal nichts bieten konnten, bleiben Sie in Kontakt. Notieren Sie sich in Ihrer Kundendatei, woran das Geschäft gescheitert ist, und versuchen Sie sich an viele persönliche Details Ihres Kunden zu erinnern. Das alles wird Ihnen beim nächsten Kontakt sicher weiterhelfen. Halten Sie sich in Erinnerung, indem Sie dem Gesprächspartner eine kleine Aufmerksamkeit, die er gut gebrauchen kann, zusenden. Am besten etwas, was er immer wieder vor Augen hat und sich dadurch gern an Sie erinnert. Denken Sie an seinen Geburtstag oder an seine Hobbys, seine Familie etc.. Irgendwann wird es etwas Neues geben, das Sie dann einem „alten Bekannten“ vorstellen können! Und somit ist nach dem Verkauf immer wieder auch vor dem Verkauf – viel Erfolg!

11.1 Bleiben Sie in Kontakt

Sicherlich werden viele Verkäufer, die ihre Kunden regelmäßig besuchen, jetzt sagen: Natürlich bleibe ich mit meinem Kunden in Kontakt. Es ist ein ständiges Wechselspiel zwischen Besuch, Auftrag, Ausführung, Lieferung – und dann beginnt das Spiel wieder von vorne. Richtig so und auch wieder nicht. Denn mit „Bleiben Sie in Kontakt" ist etwas anderes gemeint. Für all jene Verkäufer, die so agieren, wie eben aufgezeigt, bietet sich einmal die Chance, den Kunden zu verblüffen. Schreiben Sie ihm „zwischendurch" doch einfach einmal ein paar Zeilen des Dankes, z.B., wenn er einen besonders großen Posten bestellt hat. Oder gratulieren Sie ihm, wenn er ein neues Produkt ausprobiert, und fragen ihn zugleich, wie seine ganz persönlichen Erfahrungen damit sind (würde er dieses Produkt weiterempfehlen?!). Natürlich können Sie ihn dazu auch anrufen und so den persönlichen Kontakt „zwischen den Besuchen" nutzen. Dieser „Dank-Kontakt" sollte folgende Punkte enthalten:

- ➜ Danke für den Auftrag;
- ➜ bieten Sie Ihre persönliche Hilfe bei Fragen an (damit hat er das Gefühl, dass Sie auch über den Verkauf hinaus für ihn da sind);
- ➜ nennen Sie ihm auch einen Ansprechpartner intern (weil Sie ja sehr viel unterwegs sind), der Experte für dieses Produkt ist (damit hat er das Gefühl, dass immer jemand für ihn erreichbar ist);
- ➜ bitten Sie um eine Empfehlung (die Ihnen der Kunde gerne geben wird, wenn er mit dem Produkt oder der Dienstleistung zufrieden war; ansonsten wird er Ihnen sicher offen und ehrlich antworten, warum dies nicht der Fall war. Sie können diese Punkte ändern und haben das nächste Mal eine größere Chance, eine Empfehlung zu bekommen. Sogar bei genau diesem Kunden, wenn er merkt, dass seine Wünsche ernst genommen werden).

Im persönlichen Telefonat können Sie auf die Qualität und Durchführung und wie er mit dem Produkt/der Dienstleistung und dem gesamten Procedere zufrieden war, direkt eingehen. Stellen Sie Fragen nach dem Produkt oder der Dienstleistung und dem damit zusammenhängenden Service: „Waren Sie damit vollkommen zufrieden?", nach der Handhabung: „Können wir vielleicht einen Punkt verbessern?" und der zukünftigen Zusammenarbeit: „Was können wir tun, um unsere Zusammenarbeit weiter auszubauen? Haben Sie in Zukunft weitere Projekte anstehen, bei denen Sie den Einsatz unserer Produkte sehen?"

Nutzen Sie die Möglichkeit dieses aktiven Kontaktes. Nichts kann schlimmer „enden" als ein Kunde, den Sie immer nur kontakten, um Geschäfte zu machen, und der sich immer nur bei Ihnen meldet, um zu reklamieren oder seine Unzufriedenheit auszudrücken. Kommen Sie Ihrem Kunden zuvor. Wenn Sie ihn anrufen und er ein Problem hat, wird die Beschreibung des Problems in diesem Falle immer etwas gemäßigter ausfallen, als wenn sich bei ihm der Ärger bereits aufgestaut hat, bis er zum Telefonhörer greift.

Machen Sie jeden Kontakt mit Ihrem Kunden zu einem Moment der Überraschung. Sie halten sich so in positiver Erinnerung, und Ihr Kunde wird Ihnen und Ihrem Unternehmen die Treue halten.

11.2 After-Sales-Service

Schon Sepp Herberger sagte: „Nach dem Spiel ist vor dem Spiel." Gleiches gilt für erfolgreiche Verkäufer, die sich nicht auf ihrem Auftrag ausruhen, sondern schon im Moment des Abschlusses an die Zukunft denken. „Nach dem Spiel ist vor dem Spiel" – sich diesen Gedanken immer wieder bewusst zu machen, entscheidet zwischen Erfolg und Misserfolg. Während in der Vergangenheit viele Verkäufer und Unternehmer gesagt haben: „So, der Auftrag ist erledigt!", haben die meisten längst vergessen, dass das bereits die Stufe für den neuen Verkauf war. Das ist übrigens mit ein Grund, warum so viele Unternehmen in Umsatzschwierigkeiten geraten. Nach dem Verkauf ruht sich die ganze Mannschaft, Verkäufer wie auch Innendienst, aus und kennt Service-Leitsätze und die Unternehmensvision vom Kundennutzen nur noch aus den wunderschön bunten Unternehmensdarstellungen im Firmenprospekt oder auf der Homepage.

„After-Sales-Service" ist gefragt und in dem Moment, in dem wir davon sprechen, auch schon wieder überholt. Verkaufen ist kein Ereignis, es gibt also auch kein „Zuvor" und „Danach", sondern Verkaufen ist ein Prozess, ein immerwährender Prozess. In diesem Prozess muss der Service-Gedanke immer wieder als solcher wahrgenommen und erkannt werden.

Die Kundendatei als Grundlage

Für Unternehmen gibt es wunderbare After-Sales-Service-Ideen, die immer unter der Voraussetzung angewendet werden, dass sie von einem Verkauf zum anderen überleiten, z.B. in einer Apotheke: Hier kann eine gute Kundendatei von weitreichender Bedeutung sein. Stellen Sie sich nur einmal vor, ein Kunde betritt die Apotheke, mit dem Wunsch, neben dem Rezept eines Augenarztes auch noch ein hochwertiges Augenmittel zu kaufen. Darüber hinaus interessiert er sich für Badezusätze gegen Verspannungen. Die Apothekenhelferin stellt ihm das Paket zusammen und informiert ihn über eine Kundenkarte, durch die er auf alle Produkte, die nicht rezeptpflichtig sind, drei Prozent Rabatt bekommt. Drei Prozent Rabatt, werden Sie vielleicht sagen, ist doch nichts Ungewöhnliches mehr. Und ich gebe Ihnen Recht. Der Clou kommt nämlich jetzt: Neben diesen drei Prozent Rabatt merkt der Apotheker sich z.B. vor, welche Produkte der Kunde regelmäßig benötigt, und bestellt sie rechtzeitig. Darüber hinaus hat der Apotheker die Möglichkeit, dem „gespeicherten" Kunden sogar eine kurze Info zukommen zu lassen, dass er demnächst wieder sein Augenmittel benötigt und dass dieses abholbereit in der Apotheke bereitliegt. Oder er kann dem Kunden eine kurze Info zukommen lassen, wenn er z.B. einen Infoabend über „besseres Sehen", z.B. in Kooperation mit einem Augenarzt, veranstaltet.

Kundendateien sind, richtig gepflegt, ein wahres Wundermittel für Sales-Service-Strategien. Wie z.B. im Blumenladen, der die wichtigsten Daten der Stammkunden (und solche, die es werden sollen) speichert. Der gestresste Ehemann braucht sich so keine Sorgen mehr zu machen, jemals den Hochzeitstag zu vergessen, weil der Blumenladen ihm z.B. über SMS eine kurze Nachricht zukommen lässt, dass der Strauß rote Rosen (in der richtigen Anzahl) bereits vorbereitet ist. Kein In-letzter-Minute-Panik-Kauf mehr und Das-unglückliche-Ehefrau-Gesicht, weil ausgerechnet die roten Rosen im letzten Blumenladen, der um diese Zeit noch geöffnet hatte, bereits ausverkauft waren. Was glauben Sie wohl, wie gerne viele Männer diesen Service annehmen? Im Industrie- oder Business-to-Business-Bereich gelten die gleichen Gesetze.

Auch wenn Deutschland vielleicht in Sachen Service immer noch ein Entwicklungsland ist, denkt der Kunde heute um ein Vielfaches vernetzter. Schließlich gibt es immer mehr Unternehmen aus allen Bereichen, die ihre Kunden durch einen ungewöhnlichen Service überraschen. Kunden achten heute immer mehr auf Kleinigkeiten, die bewirken, dass sie sich als Kunden wohl fühlen und umsorgt werden. Im Restaurant können das Kleinigkeiten sein, wie der Gruß aus der Küche, das In-die-Jacke-Helfen, die kleine Süßigkeit, die am Ausgang wartet, oder die Visitenkarten, die für die nächste Reservierung bereitstehen. Wir stellen immer mehr fest, dass genau dieser After-Sales-Service, wie das nette „Auf Wiedersehen“ und das An-die-Tür-Begleiten, z.B. in einer Boutique, die letzte Visitenkarte ist und damit den letzten Eindruck hinterlässt, der jedoch oft dauerhaft haften bleibt.

11.3 Empfehlungen und mehr

Vielen Verkäufern fällt es immer noch schwer, aktiv nach Empfehlungen zu fragen. Sie glauben, nach Adressen zu betteln. Es passe nicht zu ihrem Image als seriöser Verkäufer. Was für Verkäufer im Strukturvertrieb ganz alltäglich ist und mit zum Erfolg gehört, wird von vielen Verkäufern in anderen Branchen abwertend belächelt und nicht als Erfolgsstrategie verwendet. Möglichst schnell verlässt man den Kunden, aus Angst, er könnte es sich noch einmal anders überlegen. Und überhaupt, was mache ich denn, wenn er mir keine weitere Adresse nennt. Dann stehe ich ganz schön dumm da!

Bedenken Sie: Kunden sind sehr wohl bereit, Empfehlungen auszusprechen. Vor allen Dingen dann, wenn sie mit dem vorhergehenden Verkauf ein positives Erlebnis verbinden. Es gibt für Menschen nichts Schöneres, als darüber zu berichten, dass sie etwas Besonderes erlebt oder erreicht haben. Sicher kennen Sie so etwas auch im privaten Bereich: Wenn Sie in einem Restaurant nicht nur hervorragend gegessen haben, sondern auch noch außergewöhnlich zuvorkommend bedient wurden, werden Sie dies in Ihrem Bekanntenkreis weitererzählen. Natürlich ebenso, wenn das Gegenteil passiert ist – mit einem Unterschied: Ein positives Erlebnis erzählen Sie vielleicht dreimal weiter, ein negatives zehnmal. Ein Grund mehr für Sie als Verkäufer, bei Ihrem Kunden ein positives Gefühl zu hinterlassen. Wir sprechen deshalb im Verkauf heute mehr denn je von einer WIN-WIN-WIN-Strategie für den Kunden, das Unternehmen und das soziale Umfeld des Kunden.

Von der Empfehlung zum Networking

Schaffen Sie also Erlebnisse für Ihre Kunden, positive Erlebnisse. Nicht umsonst sprechen manche Branchen schon von Erlebniskauf, Erlebnisgastronomie oder Erlebnisurlaub. Das heißt, je höher der Erlebnisfaktor eines Kunden ist, umso höher ist meist auch die Garantie, dass Empfehlungen ausgesprochen werden. Die Zeiten, in denen wir nach Empfehlungen betteln, ist vorbei – unser Ziel muss es sein, dass wir Empfehlungen bekommen, weil die Erlebniswelt unseres Unternehmens, unserer Mitarbeiter und unserer gesamten Philosophie so stark ist, dass der Kunde als stolzer „Erlebnis-Inhaber" gerne davon weitererzählen will.

Machen Sie Ihre Kunden zu wahren Fans. Ein kleines Dankeschön bewirkt manchmal wahre Wunder. Fragen Sie Ihre Kunden danach, wie ihnen das Produkt gefallen hat, ob sie mit der ausgeführten Dienstleistung zufrieden waren. Gerne werden sie Ihnen, ein vorher aufgebautes Vertrauensverhältnis vorausgesetzt, sagen, was sie anders hätten, wo sie Verbesserungspotenzial sehen. Honorieren Sie diese Wünsche und Anregungen von Kundenseite. Schon allein damit verblüffen Sie Ihre Kunden und werden begeisterte Fans haben. Denn wie oft kommt es vor, dass Sie in irgendeinem Kaufzusammenhang eine Bitte äußern und nichts passiert? Welch enormes Potenzial könnten Sie entwickeln, wenn Sie hierbei anders agieren als alle anderen? Sie schaffen sich ein Netzwerk aus nicht nur zufriedenen, sondern begeisterten Kunden, die Ihre Frage nach einer Weiterempfehlung positiv beantworten und so Ihre außergewöhnlichen „Dienste" honorieren werden. Im Laufe der Zeit wird Ihr Netzwerk wachsen und gedeihen und Sie werden erfolgreicher denn je verkaufen.

Mund-zu-Mund-Marketing

Welche Bedeutung Empfehlungen und ein gekonntes Networking für Ihr Geschäft haben, habe ich Ihnen sicher in den zurückliegenden Kapiteln deutlich machen können. Hier können Sie selbst einen entscheidenden Schritt dazu beitragen, dass Sie noch erfolgreicher werden. Mit weniger Aufwand lässt sich allerdings ein effektives Mund-zu-Mund-Marketing steuern. Hier ist bereits im Vorfeld Ihr Engagement gefragt, denn Mund-zu-Mund-Marketing entsteht nur, wenn Sie die Erwartungen Ihrer Kunden übertreffen, und dies nicht nur einmal, sondern regelmäßig. So gesehen ist also auch ein positives Mund-zu-Mund-Marketing kein Zufallsprodukt, sondern kann systematisch aufgebaut und muss ebenso kontinuierlich gesteuert werden.

Vorsicht ist jedoch geboten: Noch viel rascher, als positive Mund-zu-Mund-Botschaften ihre Kreise ziehen, tun dies negative Nachrichten. Über schlechte Leistungen reden Kunden viel häufiger als über gute Erfahrungen. Sicher kennen Sie dies aus eigener Erfahrung: Wenn Sie als Kunde mit einer Leistung nicht zufrieden sind, der Service nicht passt oder Sie sogar unfreundlich behandelt werden, erzählen Sie es meist öfter weiter, als wenn Sie irgendein Geschäft, begeistert von der kompetenten Beratung, als zufriedener Kunde wieder verlassen.

Beim Mund-zu-Mund-Marketing steht der Kunde immer im Mittelpunkt. Sie als Verkäufer arbeiten daran, dass Sie eine außergewöhnliche Beziehung zu Ihrem Kunden aufbauen und diesen durch außergewöhnliche Leistungen begeistern. Sie tun immer etwas mehr, als er erwartet, überraschen ihn durch Zusatzleistungen. Bedenken Sie jedoch, dass nicht nur Stammkunden, die natürlich im Mund-zu-Mund-Marketing eine entscheidende Rolle spielen, Ihre Zielgruppe sind. Gerade für Neukunden gibt es einen wichtigen und außergewöhnlichen Tipp, wie man diese gleich zu Beginn der Zusammenarbeit zu begeisterten Mund-zu-Mund-Marketingexperten zugunsten des eigenen Geschäfts nutzen kann: Wenn Sie das nächste Mal ein Angebot abliefern, dann ist es für Sie sicher selbstverständlich, dass Sie eine Visitenkarte beilegen, oder? Leicht kann es passieren, dass diese Karte aus der Angebots-Mappe herausrutscht und auf diese Weise verloren geht. Außerdem kann es passieren, dass Ihr Kunde, der z.B.

bei Ihnen ein Auto kauft und absolut begeistert von Ihrem Service ist, auch noch Bekannte hat, die ebenfalls in Kürze vor der Entscheidung stehen, ein Auto zu kaufen. Vielleicht erzählt er in diesem Zusammenhang von Ihnen. Sicher kann er auch das Autohaus benennen und weiß noch Ihren Namen. Mit der Telefonnummer wird es allerdings schon schwierig ... Warum machen Sie es ihm nicht leichter, indem Sie Ihrem Kunden nicht nur eine Visitenkarte, sondern gleich fünf oder zehn an die Hand geben. Sie tun dies mit einem flotten Spruch: „Wenn jemand in Ihrem Umfeld ein Auto braucht, wissen Sie ja, wo Sie mich finden. Sicher können wir Ihren Bekannten/Verwandten/Freund ebenso begeistern wie Sie. Und damit Sie nicht lange überlegen müssen und er auch direkt bei mir landet, geben Sie ihm doch ganz einfach gleich eine meiner Visitenkarten."

Sie werden erstaunt sein, wie erfolgreich diese außergewöhnliche Art und Weise, Kunden zu Empfehlern zu machen, funktioniert. Ihre Visitenkarte ist dadurch nicht länger „nur" eine Visitenkarte, sondern ein wertvolles Hilfsmittel im aktiven Mund-zu-Mund-Marketing.

Zusammenfassung
Kapitel 11: Checkpoint 8: Die Nachverkaufsphase

1. Der Verkaufsprozess hat, wie der Name schon sagt, keinen Anfang und kein Ende!
2. Ein Dankeschön für den Kunden hat noch keinem Verkäufer geschadet!
3. Ein persönliches Telefonat stellt klar: „Ich bin (auch nach dem Abschluss) für dich da!“ und Kunden fühlen sich geborgen!
4. Der Kontakt zum Kunden als Moment der positiven Überraschung!
5. Eine Kundendatei will gepflegt sein!
6. Nach dem Verkauf ist vor dem Verkauf!
7. (After-)Sales-Service ist zu jeder Zeit gefragt!
8. Erfolgreiche Verkäufer fragen gezielt nach Empfehlungen!
9. Kunden, die den Kauf als Erlebnis erleben, geben gerne Empfehlungen!
10. Das Kontaktnetzwerk fängt den Verkäufer auch in schwierigen Zeiten auf!

Die drei wichtigsten Punkte für mich:

1.

2.

3.

Mein Umsetzungsplan:

Folgende Ideen werde ich umsetzen:

Noch heute:

Morgen:

In der nächsten Woche:

Schlusswort

Der Verkauf der Zukunft wird sich vehement von dem Verkauf heute unterscheiden – oder auch nicht! Denn bei allen Neuerungen, die das Internet, die Globalisierung und die wirtschaftliche Lage mit sich bringen, wird eines immer Bestand haben: der Verkäufer, der eine Ware, ein Produkt oder eine Dienstleistung an den Mann oder die Frau bringt. Ob dies im persönlichen Gespräch vor Ort passiert, per Telefon-Konferenz oder durch eine Kommunikation per World Wide Web – der Verkäufer wird es stets am leichtesten haben, der mit Menschen umgehen und Spitzenverkaufsgespräche führen kann.

Nur Unternehmen, Vertriebsteams und Verkäufer, die sich ständig mit den neuen Werkzeugen im Verkauf auseinander setzen, werden zukünftig eine Daseinsberechtigung haben. Und nur Verkäufer, die sich ständig weiterbilden und -entwickeln, werden auch morgen im Wettbewerb mit anderen Verkäufern, Produkten, Dienst- und Serviceleistungen (die keineswegs den eigenen nachstehen) an vorderster Stelle stehen.

Immer wird es Waren geben, die gehandelt werden, von wem und auf welchen Kanälen auch immer. Immer wird es Verkäufer geben, die sich neuen Gegebenheiten anpassen, ihren Beruf lieben und dementsprechend erfolgreich sind. Immer wird es Kunden geben, die anspruchsvoller denn je diese Verkäufer fordern. Nehmen Sie diese Herausforderung an, stehen Sie zu sich, Ihrem Beruf und freuen Sie sich jeden Tag auf Spitzenverkaufsgespräche mit den unterschiedlichsten Menschen. Viel Spaß dabei wünscht

Ihr
Stéphane Etrillard

Literaturverzeichnis und weiterführende Werke

Altmann, H. Ch.: *Positives Denken. Schlüssel zur Mitarbeiter- und Verkäufermotivation.* München: Beck 1997

Altmann, H. Ch.: *Kunden kaufen nur von Siegern.* Frankfurt: Redline Wirtschaft ^{5}2002

Arndt, R.: *Empfehlungsmanagement.* Düsseldorf: Metropolitan ^{2}2002

Arndt, R.: *Menschen gewinnen per Telefon.* Düsseldorf: Metropolitan 2002

Bachmann, W. & Priester, A.: *Win-Win. Die Handschrift des erfolgreichen Verkäufers.* Paderborn: Junfermann 1992

Baerwald, J. M.: *Überzeugend argumentieren. Ein 9-Punkte-Programm für Frauen im Beruf.* München: Droemer 1994

Bandler, R. & La Valle, J.: *Die Schatzkammer des Erfolgs.* Paderborn: Junfermann 1998

Bandler, R. & Donner, P.: *Die Schatztruhe – NLP im Verkauf.* Paderborn: Junfermann ^{3}1999

Beck, H.: *Meisterschule für Verkäufer. Profi-Tipps aus der Praxis.* Landsberg: Moderne Industrie 1993

Bierbaum, G., Marwitz, K. & May, H.: *Happy Selling. Der geniale Verkäufer.* Paderborn: Junfermann ^{3}1993

Birkenbihl, V. F., Christiani, A., Schäfer, B. & Strunz, U.: *Meilensteine zum Erfolg.* Bergisch Gladbach: Birkenbihl-Media 1999

Bosworth, M. T., Sherman, S. & Reese, S.: *Solution Selling: Creating Buyers in Difficult Selling Markets.* New York: McGraw-Hill 1994

Bredemeier, K.: *Provokative Rhetorik? Schlagfertigkeit!* Zürich: Orell Füssli 1996

Christiani, A.: *Magnet-Marketing. Erfolgsregeln für die Märkte der Zukunft.* Frankfurt: Verlag Frankfurter Allgemeine 2002

Christiani, A.: *Weck den Sieger in Dir. In 7 Schritten zu dauerhafter Selbstmotivation.* Wiesbaden: Gabler 1997

Christiani, A.: *111 Motivationstipps für persönliche Höchstleistungen.* Landsberg: mvg 2002

Christiani, A. & Scheelen, F.: *Stärken stärken – Talente entdecken, entwickeln und einsetzen.* Frankfurt: Redline Wirtschaft 2002

Cialdini, R. B.: *Die Psychologie des Überzeugens.* Bern: Hans Huber ^{2}2002

Correll, W.: *Motivation und Überzeugung in Führung und Verkauf.* Landsberg: mvg ^{12}2000

Coureau, S.: *L'art de bien vendre: mieux communiquer.* Paris: Maxima 2000

Csikszentmihalyi, M.: *Flow. Das Geheimnis des Glücks.* Stuttgart: Klett-Cotta ^{7}1999

Dahms, M.: *Verkaufen I. Was Profis erfolgreich macht.* Wermelskirchen: Dahms Privatinstitut 1997

Dahms, M.: *Verkaufen II. Einwände behandeln – Kunden gewinnen.* Wermelskirchen: Dahms Privatinstitut 1999

Dahms, Ch. & Klingeling, M.: *Jetzt kommt's drauf an. Telefontraining für Profis.* Wermelskirchen: Dahms Privatinstitut 1997

Demmer, C. & Helm, Th.: *Wie mache ich's meinen Kunden klar? – Überzeugende Formulierungen für alle Fälle.* Frankfurt: Redline Wirtschaft 2002

Denz, W.: *Erfolgsfaktor Verkauf. Handeln im Wandel.* München: Müller/Herbig 1996

Detroy, E.-N. (Hrsg.): *Das große Handbuch für den Verkaufsleiter.* Landsberg: Moderne Industrie ^{2}1998

Detroy, E.-N.: *Sales Spirit®.* Frankfurt: Redline Wirtschaft 2003

Dietze, U.: *Reklamationen als Chance nutzen.* Landsberg: Moderne Industrie ^{2}1998

Döring, P.: *Der „Pro"-Verkäufer.* Landsberg: Moderne Industrie ^{2}1991

Ederer, G. & Seiwert, L. J.: *Der Kunde ist König. Das 1 x 1 der Kundenorientierung.* Offenbach: Gabal ^{3}2000

Enkelmann, N. B.: *Charisma. Beruflichen und privaten Erfolg durch Persönlichkeit.* Landsberg: mvg 1999

Enkelmann, N. B.: *Rhetorik. Das ABC der Beeinflussungskunst.* Wiesbaden: Panorama o.J.

Etrillard, S.: *Spitzengespräche. Faire Kommunikation durch gekonnte Gesprächsführung.* Paderborn: Junfermann 2003

Etrillard, S.: *Gekonnt gekontert. Souverän, schlagfertig und fair in jeder Situation.* Hamburg: Hoffmann & Campe 2004

Etrillard, S.: *Gekonnt gekontert.* www.active-books.de – e-book (Paderborn: Junfermann 2002)

Etrillard, S.: *Charisma.* www.active-books.de – e-book (Paderborn: Junfermann 2002)

Etrillard, S.: *Lampenfieber in Redesituationen und Verkaufsgesprächen.* www.active-books.de – e-book (Paderborn: Junfermann 2002)

Etrillard, S. & von Staden, S.: *TPQM – Top Performance Qualification Management – Kompetenzentwicklung im Zeichen des Wandels.* www.active-books.de – e-book (Paderborn: Junfermann 2003)

Etrillard, S.: „Gekonnt kontern." *ManagerSeminare,* Januar 2002, Heft 52, S. 29-36

Etrillard, S.: „Kommunikations-Souveränität. Fundament für den schlagfertigen Auftritt." *SalesBUSINESS,* November 2002, S. 52ff

Etrillard, S.: „Wer keine Angst kennt, denkt zu wenig über seine Wirkung nach." *Stellen-Bund, Der Bund,* Juni 2002, Nr. 143, S.1

Etrillard, S.: „Erfolgsstrategien, Gekonnt kontern – die fünf Säulen der Schlagfertigkeit." *Noch erfolgreicher!,* Ausgabe 4/2002, S. 37

Etrillard, S.: „Checkpoint 1-8: Die Verkaufsphasen, oder: Nach dem Verkauf ist vor dem Verkauf!" *DV+VA Deutscher Vertriebs- und Verkaufsanzeiger,* Nr. 170/2002, S. 9

Etrillard, S.: „Eine »Gnadengabe« als Erfolgsfaktor für den Verkauf, Charisma – Ruhende Persönlichkeitsressource." *DV+VA Deutscher Vertriebs- und Verkaufsanzeiger,* Nr. 171/2002, S. 8-9

Etrillard, S.: „Wie Sie schwierige Projekte durchfechten, Rhetorik und Ausstrahlung." *Logistik inside,* 15/08, München: Verlag Heinrich 2002

Etrillard, S. & Blochberger, M.: „Kommunikation und Kooperation führen zum Erfolg. Das K-hoch-Zwei-Prinzip." *DV+VA Deutscher Vertriebs- und Verkaufsanzeiger,* Nr. 170/2002, S. 20

Etrillard, S. & Höller, R.: „Schlagfertigkeit ist keine Kunst: Wie Sie Killerphrasen kontern und Zurufe humorvoll parieren." In: *Der Reden-Berater,* S. 69ff, Bonn: Verlag für die Deutsche Wirtschaft 2002

Etrillard, S. & Heidack, C.: „Der Dreisprung der Motivation: Fit durch flotte Motivationsmacher im Außendienst. Schneller durchlaufene Vertriebswege sind erfolgreicher." *DV+VA Deutscher Vertriebs- und Verkaufsanzeiger,* Nr. 167/2002, S. 1-23

Etrillard, S. & Heidack, C.: „Ziele erreichen – Verkaufszahlen steigern." *DV+VA Deutscher Vertriebs- und Verkaufsanzeiger,* Nr. 169/2002, S. 5-6

Fast, J.: *Versteckte Signale. Berufserfolg durch Körpersprache.* Düsseldorf: Econ 1997

Fink, K.: *Bei Anruf: Termin.* Wiesbaden: Gabler 1999

Flockenhaus, U. (Hrsg.): *Zukunftsmanagement. Trainingsperspektiven für das 21. Jahrhundert.* Offenbach: Gabal 1999

Frank, W. & Linß, D.: *Emotionale Intelligenz im Verkauf.* Landsberg: Moderne Industrie 1998

Freemantle, D.: *Der Kunde. König oder Bittsteller?* Landsberg: Moderne Industrie ²1997

Goleman, D.: *EQ². Der Erfolgsquotient. Emotionale Intelligenz in der Praxis.* München: RM Buch 1999

Hanan, M.: *Consultative Selling.* New York: Amacom ⁶1999

Hasenkamp, M.: *Die Kunst, professionell zu telefonieren.* Paderborn: Junfermann 2001

Heidack, C.: *Neue Methoden zur Leistungsmotivation der Außendienstmitarbeiter.* Kissing: Weka 1981

Heimburg von, Y.: *Fokussieren statt Verlieren - Siegerstrategien für Unternehmen und Manager.* Landsberg: Moderne Industrie 1999

Herndl, K.: *Auf dem Weg zum Profi im Verkauf.* Wiesbaden: Gabler 2001

Herndl, K.: *Führen im Vertrieb.* Wiesbaden: Gabler 2003

Hofmeister, R.: *Handbuch der Redekunst. Rhetorik.* Weyarn: Seehamer o.J.

Höller, J.: *Mit System zum Erfolg. 11 neue Strategien für Manager.* Düsseldorf: Econ 1996

Holzheu, H.: *Schwierigkeiten im Verkauf überwinden.* Stuttgart: Taylorix-Verlag 1974

Huber, A.: *Stichwort EQ – Emotionale Intelligenz.* München: Heyne ⁴1996

Hübner, S.: *Surpriservice. Erfolgskonzepte und visionäre Ideen der Marktführer von heute.* Offenbach: Gabal 2002

Kellner, O.A.: *SIM SALA WIN – Mit Zauberei verkaufen, begeistern und gewinnen.* Frankfurt: Redline Wirtschaft 2003

Kiwus, D.: *Mehr Verkaufserfolg durch Selbstcoaching.* Wiesbaden: Gabler 2001

Kobjoll, K.: *Motivaction – Begeisterung ist übertragbar.* Zürich: Orell Füssli ^{11}2000

Kobjoll, K.: *Virtuoses Marketing. Motivaction II.* Zürich: Orell Füssli ^{5}2000

Kobjoll, K.: *Abenteuer European Quality Award. Motivaction III.* Zürich: Orell Füssli ^{3}2001

Köhler, H.-U.: *Mehr verkaufen mit emotionaler Intelligenz.* Düsseldorf: Metropolitan 2000

Köhler, H.-U.: *Verkaufen ist wie Liebe.* Düsseldorf: Metropolitan 2001

Köhler, H.-U.: *Wie Sie Ihre Patienten überzeugen.* Börwang/Allgäu: Köhler-Verlag ^{3}1998

Köhler, H.-U. & Müller-Gerbes, G.: *Verkaufen. Aber wie? Bitte!* Offenbach: Gabal 2003

Kostmann, H. E. & Plattner, I. E.: *Kundenzentriertes Verkaufen. Die Basis für erfolgreiche Verkaufsgespräche.* Landsberg: mvg 1994

Kubowitsch, K.: *Power-Coaching. Wie Sie sich besser vermarkten und mehr Einfluss im Unternehmen gewinnen.* Wiesbaden: Gabler 1995

Marhold, K.: Die Kundenzeitung als Instrument zur systematischen Kundenpflege. In: Dornach, Bernd W. (Hrsg.): *Handwerks-Marketing – Ideen und Visionen für Erfolgsstrategien im Handwerk* (Band 2). Bad Wörishofen: Holzmann 1995

Martin, J.-C.: *Le guide de la communication.* Paris: Marabout 1999

Martin, J.-C.: *Le guide du face-à-face.* Paris: Marabout 2001

McCormack, M. H.: *Die Schule des Verkaufens.* Frankfurt: Campus 1995

Mikunda, C.: *Der verbotene Ort oder Die inszenierte Verführung – Unwiderstehliches Marketing durch strategische Dramaturgie.* Frankfurt: Redline Wirtschaft 2002

Mikunda, C.: *Marketing spüren – Willkommen am Dritten Ort.* Frankfurt: Redline Wirtschaft 2002

Miller, R. B. & Heimann, S. E.: *Konzeptorientiertes Verkaufen.* Landsberg: Moderne Industrie ^{2}1992

Mohr, P.: *30 Minuten für erfolgreiches Verkaufen.* Offenbach: Gabal 2002

Molcho, S.: *Körpersprache im Beruf.* München: Mosaik 1996

Moulinier, R.: *Vendre aux grands comptes.* Paris: Éditions d'Organisations 2001

Moulinier, R.: *Les techniques de vente.* Paris: Éditions d'Organisations ^{5}2000

Moulinier, R.: *Les 10 clefs de l'efficacité du commercial.* Paris: Éditions d'Organisations ^{2}2000

Moulinier, R.: *La prospection commerciale.* Paris: Éditions d'Organisations ^{2}2002

Moulinier, R. & Lehmann J. L.: *Comportements de vente.* Paris: Éditions d'Organisations 2000

Nix, U.: *Überzeugend und lebendig reden. So steigern Sie Ihre persönliche Ausstrahlungskraft.* Landsberg: mvg 1995

Pfeifer, H. & Arndt, R.: *Das dynamische Duo: Kunde – Verkäufer.* Düsseldorf: Metropolitan 2002

Pilsl, K.: *Die 10 Haupttrends der aus den USA kommenden Wirtschaftsrevolution ... und die damit verbundenen Konsequenzen und Chancen.* Hof: Millennium Vision 2001

Pirovano, F.: *La communication persuasive.* Paris: De Vecchi 2002

Prost, W.: *Mit Dialektik überzeugen. Wie Sie Gespräche und Verhandlungen optimieren.* Wiesbaden: Gabler 1996

Psy, P.: *Manager ses clients.* Paris: Éditions d'Organisations 2002

Psy, P.: *Faire accepter son prix.* Paris: Éditions d'Organisations 2002

Rackham, N.: *Spin Selling.* New York: McGraw-Hill 1988

Rackham, N.: *The Spin Selling Fieldbook.* New York: McGraw-Hill 1996

Rataud, P.: *L'alchimie de la vente.* Paris: Éditions d'Organisations ^{3}2000

Rataud, P.: *Les questions qui font vendre.* Paris: Éditions d'Organisations ^{2}2000

Ratzkowski, J.: *Keine Angst vor der Akquise – Mehr Erfolg in Vertrieb und Verkauf.* München: Hanser 2002

Robbins, A.: *Das Power-Prinzip.* München: Heyne ^{12}1991

Ronzal, W.: *Wie Sie Kunden zu Partnern machen.* Wien: Signum ^{4}2002

Rosner, L.: *Menschenkenntnis für Verkäufer.* Wiesbaden: Gabler 1994

Ruede-Wissmann, W.: *Auf alle Fälle Recht behalten. Die Kunst der dialektischen Rabulistik.* München: Langen-Müller/Herbig 1989
Ruede-Wissmann, W.: *Super-Selling. Rhetorik, Dialektik, Verkaufspsychologie.* München: Langen/Müller-Herbig 1989
Ruhleder, B.: *Umgangsformen im Beruf. Etikette, Takt und Ton. Mit Stil zum Ziel.* Offenbach: Gabal 2001
Ruhleder, R. H.: *Einfach besser verkaufen. Das Intensivtraining für mehr Verkaufserfolg.* Landsberg: Moderne Industrie 2000
Ruhleder, R. H.: *Rhetorik und Dialektik. Redegewandtheit, Körpersprache, Überzeugungskunst.* Bonn: Verlag für die Deutsche Wirtschaft 2001
Ruhleder, R. H.: *Verkaufen Klassik, Kunden begeistern und überzeugen.* Offenbach: Gabal 2001
Rückle, H.: *Körpersprache im Verkauf.* Frankfurt: Redline Wirtschaft 2003
Saxer U. & Frei T.: *Einwand-frei verkaufen.* Frankfurt: Redline Wirtschaft 2002
Scherer, H. (Hrsg.): *Von den Besten profitieren.* Offenbach: Gabal 2001
Scherer, H. (Hrsg.): *Von den Besten profitieren. Bd. 2.* Offenbach: Gabal 2002
Scherer, H. (Hrsg.): *Von den Besten profitieren. Bd. 3.* Offenbach: Gabal 2003
Schnappauf, R. A.: *Verkaufspraxis – Der Wegweiser für Verkauf, Beratung und Verhandlung.* Landsberg: Moderne Industrie ^{4}2000
Schuler, H.: *Kundenservice am Telefon. Kundenorientiertes Telefontraining.* Offenbach: Gabal 1995
Schulz von Thun, F.: *Miteinander reden. Störungen und Klärungen. Allgemeine Psychologie der Kommunikation.* Reinbek: Rowohlt 1998
Schwarz, M. & Wulfestieg, J.: *Die Sehnsucht nach dem Meer wecken – Marketing-Basics für Praktiker.* Frankfurt: Eichborn 2003
Seßler, H.: *Der Beziehungsmanager. So erreichen Sie im Verkauf, was immer Sie wollen.* Mannheim: Korter 1997
Stollreiter, M. & Völgyfy, J.: *Selbstdisziplin. Handeln statt aufschieben.* Offenbach: Gabal 2001
Töpfer, A. (Hrsg.): *Kundenzufriedenheit messen und steigern.* Neuwied: Luchterhand 1996
Tracy, B. & Scheelen, F.: *Der neue Verkaufsmanager – Wie Sie mit Ihrem Team den Durchbruch zur Spitze schaffen.* Wiesbaden: Gabler 1997
Tschauder, G.: *Training Verkauf: von Null auf Hundert in 7 Lektionen.* Düsseldorf: Metropolitan ^{4}2000
Ulsamer, B.: *Erfolgstraining für Manager.* Düsseldorf: Econ 1992
Verweyen, A.: *Der Verkäufer der Zukunft.* München: Selbstverlag 2002
Vögele, S.: *Dialogmethode: Das Verkaufsgespräch per Brief und Antwortkarte.* Frankfurt: Redline Wirtschaft ^{12}2002
Vossen, K. & Reinhardt, F. A.: *Zukunftsmärkte: Was das Marketing über den Kunden der Zukunft wissen sollte.* Düsseldorf: Metropolitan 2002
Watzlawick, P. & Beaven, J. H.: *Menschliche Kommunikation.* Bern: Huber 2000
Zielke, W.: *Sprechen ohne Worte. Körpersprache verstehen und einsetzen.* München: Gondrom 1987

Stichwort- und Personenregister